EL PODER DEL FUEGO

Encendiendo una Pasión Genuina por Cristo

Daniel King

Un agradecimiento especial para mis padres,
Roberto y Susana King,
Quienes inspiraron el fuego en mi vida.

Mil gracias a **Amalia Chavez** por su ayuda
con la traducción de este libro.

A menos que se indique lo contrario, todas las Escrituras son tomadas de la *Versión Reina Valera* de la Biblia.

El Poder del Fuego: Encendiendo una Pasión Genuina por Cristo
ISBN: 1-931810-22-2

Ministerios King
PO Box 701113
Tulsa, OK 74170
1-877-431-4276
www.kingministries.com
Daniel@kingministries.com

Contenido

Introducción

Querido amigo,

Quiere pescar el fuego de Dios? Quiere que tu vida cambie radicalmente? Está cansado de estar satisfecho con un Cristianismo tibio? Si es así, este libro es para tí.

Cuando se pelea una batalla el ejército con más "fuerza de fuego" ganará. Tanques, armas, aviones, éstos proporcionan la gran fuerza que requiere derrotar a un enemigo físico. Este libro le dará la herramienta espiritual que necesita para aumentar su "poder de fuego", del Espíritu Santo que necesita para poder vencer a Satanás en todas las áreas de su vida.

Mi corazón se consume con el fuego de Dios. Soy joven, pero a mi edad ya he viajado a mas de veinte países predicando el evangelio. Desde que era niño, he ministrado a multitudes y he visto a miles de personas recibir salvación, sanidad y liberación por el poder de Dios todopoderoso. El fuego de Dios me mueve para alcanzar a la gente perdida y lastimada de este mundo.

El fuego de Dios caerá sobre ésta generación. La gente en todo el mundo tiene hambre de la presencia de Dios. Y ya he visto el principio de un gran fluir del Espíritu de Dios. Y aun así lo que he visto es solo el principio. Prepárese, porque el fuego de Dios será encendido en corazones por todo el mundo.

El mensaje que contiene este libro arde dentro de mí. El fuego de Dios también puede arder dentro de usted. Si quiere que su vida cambie continúe leyendo!

¡Alcanzando Gente en Todo el Mundo!

Daniel King

"El fuego es el ardiente, intenso y consumidor poder de Dios." Billy Joe Daugherty

Capítulo 1

Pesca el Fuego

Recientemente, participé en un viaje de misiones a Jamaica. Nuestro grupo experimentó una ministración poderosa en giras e iglesias evangélicas. Cientos de personas recibieron salvación y se reportaron muchas sanidades milagrosas.

Esos días en Jamaica fueron extremadamente calurosos y húmedos, y al caminar por los barrios invitando gente a la iglesia, pronto nos agotamos. Para cuando llegamos al hotel ésa noche, estábamos muy pegajosos. Desdichadamente, las regaderas del hotel no funcionaban. Corregimos el problema decidiendo ir a nadar a la piscina ésa noche.

Al estar nadando, yo noté que un panel estaba cerca de la orilla de la piscina y parecía que salía humo. Tuve curiosidad, entonces como necio nadé hacia allá para ver que sucedía. Cuando pase por una de las luces bajo el agua, me electrocutó . La electricidad pasó por mi cuerpo y se me durmieron los pies y las manos. Asustado, salí inmediatamente de la piscina. Al momento me preocupó la seguridad de los otros miembros de nuestro equipo. Empecé a gritarles que salieran de la piscina lo más pronto posible.

Nadie sabia lo que pasaba y por lo tanto solo me veían. Al seguir gritando que había peligro, algunos empezaron a salir, pero la mayoría creía que yo quería hacer una broma y se quedaron en la piscina. Yo empecé a sacar a la gente desesperadamente de la piscina. Apunté hacia el humo y grite, "Salgan!" Les grite varias veces tratando de explicarles acerca del peligro que existía hasta quedar ronco.

Cuando todos se dieron cuenta de la seriedad que yo tenía, salieron de la piscina. Algunos jóvenes tercos se resistían pensando aún que yo estaba bromeando. Yo estaba frustrado viéndolos nadar en una situación peligrosa. Empecé a hablar con ellos y a mostrarles el peligro en el que estaban. Finalmente, mi sentido de urgencia los hizo salir de la piscina. Finalmente pude descansar cuando ya todos se salvaron!

Dios me detuvo en ése momento y me dijo, **"Necesitas salvar a la gente del infierno con la misma pasión con que los salvaste de ser electrocutados."** Ésta palabra de Dios me ha dado la pasión para ver a los perdidos salvarse. Ésta pasión es el fuego de Dios dentro de mí. Por la gracia de Dios, yo me salvé de ser electrocutado. Después de que yo me salve, empecé a gritar y sacar a la gente de este peligro. Yo experimenté una urgencia intensa. No descansé hasta que todos se salvaron también, porque me preocupaban sus vidas.

Dios me reveló que tengo que tener ésta preocupación por la vida de las personas que van camino al infierno! Tengo que hacer lo que sea necesario para rescatarlos del alcance de Satanás. Si tengo que hablar fuerte y con valentía, lo haré. Si los tengo que convencer a ser salvos lo haré. Yo hice un compromiso conmigo mismo ése día que yo haría lo que tuviera que hacer para salvar a un alma del infierno.

Una persona describió el caminar cristiano como "Un hombre hambriento que ha encontrado alimento, y le dice a otro que tiene hambre donde puede encontrar comida." Yo experimenté la salvación y; ahora mi deber es ayudar a salvar a otros! Después de que una persona descubre el fuego de Dios, esparcir ése fuego lo más que se pueda será su deber. Dios me reveló la urgencia que necesito tener en mi espíritu para salvar al perdido.

El pecador que acaba de salvarse es el más motivado para ir a salvar a los demás. Es importante seguir ardiendo con esa intensidad. Nuestro trabajo es pescar ese ardor, mantener el fuego y esparcir lo!

El fuego nos hace audaces! No estoy preocupado de los que pensó la gente cuando estaba tratando de salvar sus vidas. No me importó cómo me veía o como se oía mi mensaje. Yo fui atrevido y saque a la gente del peligro. Cuando se trata de una situación de vida o muerte, debe arder con una compasión que se olvida de todos los detalles normales de su vida.

Yo he pescado el fuego de Dios, ahora es tiempo que usted también pesque el fuego de Dios!

¿Qué es el fuego de Dios?

El fuego de Dios es una pasión ardiente que existe en el corazón de la persona que está comprometida a servir a Dios. Este fuego crea un apetito de santidad. El fuego produce amor, reverencia y pasión por Dios. El fuego se encuentra en el fervor y la intensidad de la alabanza. El fuego cae cuando los hijos de Dios anhelan ser consumidos con una adoración divina para Dios. Crea hambre de Dios mismo.

El fuego de Dios lleva al predicador a que predique. El fuego de Dios hace al maestro enseñar. El fuego de Dios lleva al evangelista a evangelizar. El fuego engendra un entusiasmo obsesivo a ganar al perdido. El fuego de Dios sostiene el alma cuando las pruebas vienen. El fuego de Dios permite que el cristiano viva una vida santa.

El fuego de Dios juzga entre el bien y el mal. El fuego de Dios purifica lo que no es digno y destruye lo imperfecto. El fuego quema la impureza (desperdicios) y deja oro. Reta, constriñe, y produce grandes hombres y mujeres de Dios. El fuego de Dios no es dado para que estemos comoditos, sino santos.

El fuego de Dios es como el fuego que quema a los barcos de vapor; éste impulsa y permite que el barco suba contra la corriente. El fuego de Dios es como el fuego de un globo de aire caliente, elevando el espíritu a lugares mas altos. El fuego de Dios es como una fogata, dando calor en una noche fría. El fuego de Dios es como la luz de un faro, dando dirección y avisando cuando hay peligro.

El fuego de Dios es la diferencia entre una religión que está muerta y una relación viva con Cristo. El fuego de Dios separa a aquellos que juegan a la iglesia y aquellos que son la iglesia. El fuego de Dios separa a los que predican sermones que cambian vidas y aquellos que solo comparten monólogos cómodos. El fuego de Dios divide a los que adoran a Dios de los que solo quieren ser entretenidos. El fuego de Dios es la diferencia entre el impotente y el poderoso. El fuego de Dios es la característica de aquel que sigue a Cristo con pasión.

- El fuego de Dios suena la campana de muerte para las fuerzas del reino de las tinieblas.
- El fuego de Dios da energía al pueblo de Dios con Su poder y verdad.
- El fuego de Dios desintegra los pensamientos, motivos y deseos de pecado, y deja en su lugar una mente renovada.
- El fuego de Dios elimina la tristeza y pone en su lugar el gozo del Señor.
- El fuego de Dios es la señal que el verdadero avivamiento al fin ha llegado.
- El fuego de Dios llama al pecador al arrepentimiento e inspira a la gente a vivir una vida de santidad.
- El fuego de Dios apunta, capacita y habilita a los creyentes para el evangelismo mundial.

Tres componentes claves del fuego

Vamos a examinar los tres ingredientes que deben estar presentes para que exista el fuego. Primero, el fuego debe tener una fuente de encendido. Esta fuente de encendido es una llama o un cerillo, que prende la llama inicial. Segundo, el fuego debe tener combustible. Este combustible puede ser lana, papel, gasolina o carbón; el fuego no arde sin algún tipo de combustible. Tercero el fuego debe de tener oxígeno. Una vela se apaga cuando se acaba el oxígeno. Si uno de estos tres elementos para el fuego no está presente, el fuego no empieza.

Existe una relación entre el fuego físico y el fuego espiritual. Estos tres componentes del fuego sirven de analogía para los fuegos espirituales. Primero, Dios Padre proporciona la llama inicial para el fuego espiritual. Todos los fuegos espirituales empiezan con Dios. Segundo, la Palabra de Dios es como el combustible. Jesús, como la Palabra viviente, vive en nuestros corazones proporcionando el combustible que permite que el fuego arda. Tercero, el Espíritu Santo es el oxígeno divino que sopla en nuestro espíritu manteniendo el fuego ardiente. De la misma manera que un fuego no se quema sin oxígeno, un cristiano no arde sin la presencia del Espíritu Santo.

Dios Padre es la fuente de todo fuego, pero Él permite que nosotros decidamos si queremos arder por El. El nos proporciona el cerillo, y después nos deja decidir si queremos encender el cerillo o no. El cerillo no se prende solo. Usted puede decidir si permite que Dios prenda el fuego en su vida, levantando el cerillo y frotándolo. Después de tomar el primer paso. Dios se encarga de lo demás. Usted decide que hacer con el cerillo. ¿Quiere estar encendido para Dios? La decisión esta en sus manos. ¿Encenderá el cerillo?

Iguala esto

El arte de encender el fuego ha tomado un paso gigantesco hacia enfrente de los días antiguos cuando los pioneros utilizaban el pedernal y el acero para encender el fuego. En ese entonces, encender un fuego era difícil pues el proceso requería yerba seca, condiciones perfectas y la paciencia para soplar en la chispa hasta que se convertía en llama. Ahora, tenemos cerillos que hace mucho mas fácil iniciar el fuego. ¿Sabía que en Estados Unidos se usan mas de 700,000,000 cerillos cada año? Eso es mucha lumbre. De hecho, una fábrica que produce cerillos en la costa del oeste utiliza mas de 200,000 pies de madera diaria. Estos cerillos facilitan el que millones de personas enciendan una llama.

Anteriormente, ha sido difícil empezar los fuegos espirituales. Los avivamientos han sido pocos y no muy frecuentes. Los pastores batallan por años para encender el fuego en las iglesias, pero las cosas están cambiando. Ahora el Espíritu Santo ha empezado a reencender viejas brasas. Cuando la iglesia busca el rostro de Dios, estamos viendo la luz de miles de llamas nuevas en todo el mundo.

Calentamiento global

Aun ahora, estamos empezando a ver un derramamiento del Espíritu de Dios en todo el mundo. En América Central y Sudamérica el avivamiento está revolucionando vidas. En Los Estados Unidos el hambre espiritual ha estado creciendo pues las personas buscan una respuesta a sus problemas. En Europa, las iglesias que aparentemente están muertas han empezado a ser avivadas. Asia y Australia han visto a la iglesia crecer como nunca y en Africa millones han escuchado las buenas nuevas y han respondido con entusiasmo. Pero esto es solo el principio. Miles de cerillos se encenderán en todo el mundo. Cada cerillo encenderá otros hasta que el mundo se consuma en llamas.

Mi cerillo esta encendido

Nunca olvidaré una noche de verano cuando primero experimenté la presencia tangible de Dios como fuego. Tenía doce años en un campo de verano con el Pastor John Tasch. Una noche durante el servicio, bajo un gran pabellón, los niños estaban arrepintiéndose y profetizando. El mover del Espíritu era impresionante y la gente veía visiones de Jesús.

El miércoles en la noche, estábamos levantando las manos y alabando a Dios, cuando de repente el fuego de Dios cayó. La mitad del público estaba en el suelo porque el poder era tan fuerte. La otra mitad de los niños estaban borrachos en el Espíritu. En medio de esto el Pastor John nos llamó a mi hermano Stephen y a mí. Bajo una unción divina, él ordeno, "Daniel toma a tu hermano Stephen, y empieza a repartir el fuego."

Esta fue una palabra de Dios. Desde esa noche, cuando yo tenía doce años y mi hermano ocho, los dos hemos viajado por el mundo llevando el fuego de Dios. Hemos ministrado junto con nuestros padres a miles de personas en campañas evangelísticas. Como niños, vimos a cientos de personas recibir salvación en nuestros servicios. El fuego de Dios nos ha dado valor para ir a veinte países a llevar el evangelio. Hemos visto gente enferma sanar, personas oprimidas con demonios liberadas y se le ha ministrado a miles. Todo esto ocurrió por el fuego de Dios!

Un encuentro con el fuego de Dios puede cambiar su vida para siempre. Dios no hace acepción de personas. Lo que ha hecho por mí, lo hará por usted. Prepárese para pescar el fuego de Dios!

"Señor, te pido, enciende estas ramitas de mi vida y que pueda yo arder para ti. Consume mi vida, mi Dios, pues es tuya. No busco una larga vida, sino una llena como la tuya, Señor Jesús."
Jim Elliot

Capítulo 2

Aprendiendo a Arder

El fuego cambia las cosas al transformarse de una chispa a un gran fuego ardiente. Cuando se pone una sustancia dentro del fuego, la composición química se transforma en una nueva sustancia. El papel y la madera se convierten en ceniza, el fuego es purificado y las almas son cambiadas para siempre. Una vez que el fuego toca alguna cosa, nunca será lo mismo.

Una vida transformada por el fuego

Un joven se encontraba sentado pensando, cuando de repente, Dios le habló. Esta voz majestuosa dijo "Antes de formarte en el vientre Yo te conocí, antes que nacieras Yo te aparté; Yo te puse como profeta para las naciones." Como respuesta el joven protestó, "Pero Señor, yo no se como hablar, soy solo un niño." La voz divina de Dios relampagueaba en el espíritu de este niño grabando en su mente un mandato que el niño nunca olvidaría. "No digas, 'solo soy un niño.' Debes ir a donde te mande y decir lo que Yo te mande." Este joven era Jeremías el profeta que atrevidamente proclamaría la Palabra del Señor al pueblo de Dios y a las naciones de la tierra.

Jeremías fue perseguido, odiado y despreciado por la gente de su tiempo. El rey de Judea lo encarceló en un hoyo de lodo resbaloso. Sus profecías fueron ridiculizadas en todo Jerusalén, pero este hombre de Dios continuó hablando la revelación del Señor. Aun cuando experimentó dolor y finalmente fue testigo de la deportación de su pueblo a la cautividad, Jeremías nunca perdió el fuego de Dios. Desde el primer día que Dios le habló hasta que murió, mantuvo el fuego. Años después de su experiencia con el fuego de Dios cuando era niño, él dijo, *"... Su palabra está en mi corazón como un fuego, un fuego impulsado en mis huesos. Estoy agotado de detenerlo; realmente no puedo"* (Jeremías 20:9). En medio de problemas, Jeremías mantuvo el fuego encendido.

Jeremías es uno de mis héroes. He decidido que este mismo mandato que Dios dió al joven Jeremías se aplica a mí también. He hecho tres compromisos con Dios. Primero, hablaré la Palabra de Dios a las naciones. No usaré mi edad de excusa. Segundo, iré a donde Dios me mande y tercero, diré lo que Dios me mande decir. El costo o las consecuencias no importan mientras obedezca a Dios. Estos compromisos nacen del fuego de Dios que está dentro de mí. Para mí, el fuego de Dios es lo más precioso del universo. No puedo vivir sin El.

Así como el fuego de Dios cambió a Jeremías, también lo cambiará a usted. Una vida tocada por fuego nunca más será la misma. Vamos examinando algunos efectos que tiene el fuego de Dios.

1. El fuego destruye los límites.

El profeta Joel profetizó, *"En los últimos días, Dios dice, derramaré de mi Espíritu sobre toda carne. Sus hijos e hijas profetizarán, sus jóvenes verán visiones, sus ancianos soñaran sueños. Aun..."* (Hechos 2:17-18).

El día de Pentecostés, esta promesa se hizo realidad cuando aparecieron lenguas de fuego sobre las cabezas de los discípulos. Dios derramó su Espíritu sobre toda carne, nadie quedo fuera. El Espíritu vino a reposar sobre jóvenes y ancianos, hijos e hijas, hombres y mujeres. Este fue un evento único en la historia, porque eliminó los límites para varios grupos de personas.

Durante siglos, la sociedad ha dicho a los jóvenes que no pueden lograr nada. Los que son jóvenes han escuchado, "Eres demasiado joven. No sabes suficiente. No tienes suficiente experiencia. Espera cuando seas mayor." Pero Dios no pone restricciones sobre los jóvenes. Dios dice, "Ustedes jóvenes verán visiones." Los jóvenes que pescan el fuego por Dios verán visiones de lo que Dios hará.

La sociedad también ha puesto restricciones sobre la gente mayor. El mundo dice, "Es demasiado viejo. Dios no lo puede usar. Siéntese y deje que los jóvenes hagan el trabajo." Pero, Dios no esta limitado por edades, El puede usar a cualquier persona a cualquier edad. Dios destruye los limites de la edad diciendo, "Los ancianos soñaran sueños."También los ancianos pueden pescar el fuego y los sueños de lo que ha sido y ser parte de lo que viene.

El tercer grupo que también es detenido tanto por la sociedad como la iglesia son las mujeres. A las mujeres se les dice, "Usted no puede hablar en la iglesia. Esto es para hombres. Siéntese y permanezca callada, no tiene nada que decir." Pero Diosdice,"Sus hijas profetizarán." Una mujer no puede profetizar muy bien con la boca cerrada. En estos últimos días, Dios ha prometido derramar su Espíritu sobre todos sus siervos, tanto hombres como mujeres.

El viento del Espíritu que sopló en el aposento alto limpió las telarañas de la tradición y dejó a la gente lista para un nuevo mover de Dios. Las lenguas de fuego quemaron todo obstáculo y excusa, soltando a los discípulos para lograr grandes cosas para el reino. Aquellos que pescaron el fuego aquel día fueron comisionados para cambiar el mundo.

En el Antiguo Testamento, solo unos pocos como Abraham,

Moisés y Jeremías probaron la unción de Dios. Después, repentinamente, en un día, el cielo se abrió y ahora las multitudes tenían acceso a la presencia de Dios. Las lenguas de fuego marcaron el principio del mover de Dios más grande de la historia. Cada uno de los discípulos fue convertido en un cerillo coronado por fuego del Espíritu Santo y cuando viajaron, desparramaron el fuego por el Imperio Romano hasta que el Cristianismo maduró en un fuego ardiente que no se puede detener.

2. El fuego llama a las personas a vivir una vida santa.

Dios es un Dios santo. Su fuego produce personas que viven vidas santas. Como Cristianos somos *"llamados a ser santos"* (1 Corintios 1:2) . Así como aquel que nos llamó es santo, también nosotros debemos ser santos. *"Pues escrito está:'Sean santos, porque Yo soy santo"* (1 Pedro 1:16). *"Pues aquellos que no son santos no verán a Dios"* (Hebreos 12:14). El fuego de Dios es un símbolo tangible de la presencia de Dios que mora en nuestro espíritu. Es imposible experimentar la presencia de Dios sin sentir una convicción por nuestros pecados.Su santidad requiere que vivamos una vida santa.

3. El fuego nos da una pasión para alcanzar a las personas perdidas.

Los aspectos de juicio de este fuego de Dios nos mueve para alcanzar a las almas perdidas. ¿Si usted pasara cinco minutos en el infierno, como cambiaría su manera de testificar? Al darnos cuenta de la seriedad del castigo eterno, cambia nuestra actitud y comprendemos la necesidad del evangelizmo mundial. De repente, las actividades cotidianas normales pierden su significado y alcanzar a los perdidos es lo más importante. Como dice Reinhard Bonnke, "¡Debemos saquear el infierno, para poblar el cielo!" El fuego de Dios nos da el atrevimiento para proclamar las Buenas Noticias.

4. El fuego nos da el entusiasmo para permanecer en la presencia de Dios.

El entusiasmo es un síntoma del fuego de Dios. La palabra "entusiasmo" viene de la combinación de dos palabras griegas: *"en Theu"* que quiere decir "en Dios." Los primeros Cristianos usaron el término "entusiasmo" para describir a una persona que está cerca de Dios. Aquellos que permanecen cerca de Dios tienen pasión, intensidad y entusiasmo. Dios es la fuente de todo entusiasmo. Es fácil tener entusiasmo si se está enamorado de Dios.

De una flamita a una llamarada

El fuego de Dios siempre cambia vidas. Quemará toda impureza dejando el oro refinado. La prueba para la iglesia o el ministerio es el fuego ardiente de Dios. Muchos están satisfechos con una vida tibia y no tienen ningún deseo por el supuesto estorbo o incomodidad que el fuego puede traer. No quieren experimentar el fuego de Dios por el temor de lo que esto va a exponer en sus vidas.

Las vidas cambian y experimentan poder al conocer éste fuego de Dios. El fuego siempre cambia lo que toca. No hay porqué temer el fuego de Dios! Nos puede doler al principio por causa de nuestra naturaleza que no quiere dejar sus hábitos de comodidad, pero a final de cuentas el fuego nos purificará y dejará brillando.Es mucho mejor sentir el fuego de Dios ahora al experimentar purificación que arder en el fuego del infierno por toda la eternidad.

Tuve un amigo adolescente que prefería quedarse fuera de un servicio lleno de unción por temor a la convicción del Espíritu Santo. El había escuchado que la gente destruía sus colecciones de discos malos después de que Dios los tocaba. Como él amaba su música y no quería destruir la influencia mala en su vida, se detenía de la bendición que Dios tenía para él. Su deseo de aferrarse a lo malo en lugar de buscar a Dios prevenía que él tuviera una relación más cercana con Jesús.

El fuego de Dios nos da libertad! El fuego limpia nuestras vidas. Limpia a las personas de su pasado. El fuego quemara la basura dejando oro en nuestras vidas. Usted estará mucho más cerca de Dios después de sentir Su fuego.

Algunos insectos son atraídos a la luz en la oscuridad. De la misma manera,yo creo que la gente va a sentir ésta atracción por Dios cuando vean su fuego y sientan su calor. No hay nada mejor en un día frío de invierno que sentarse frente a un fuego, y disfrutar ver las llamas. Hoy en día el mundo es muy frío en diferentes maneras y la gente será atraída a Dios por el calor de Su fuego.

El propósito del fuego es de soltar la energía almacenada. Existen dos tipos de energía, engría kenética y energía potencial. Cada recurso de combustible cuenta con energía potencial, pero se requiere fuego para transformar esta energía almacenada en energía kenética. Por ejemplo, la leña esta llena de posibilidad, pero se necesita el fuego para soltar el calor. De la misma manera, los humanos están llenos de potencial, pero se requiere el fuego del Espíritu Santo para cambiar el potencial humano en energía que cambia vidas.

¿Ardiente o no?

Algunos muchachos acostumbraban jugar un juego llamado "Bonita o No" Se sentaban a ver a las muchachas pasar y votaban, si era muy bonita era un diez y las de aspecto mas simple les daban una calificación de uno. La pregunta que tengo para usted es: ¿Si alguna persona le fuera a dar una calificación del grado de su ardor por Dios, en qué número del uno al diez estaría usted?

Yo lo animo a que fomente esta intimidad con Dios y le puedo garantizar que será una persona encendida, apasionada, electrificada, emocionada, entusiasmada para cambiar el mundo. ¡Anhele este fuego!

"Dios es fuego consumidor"
Hebreos 12:29

Capítulo 3

El Fuego Consumidor de Dios

Dios es como un fuego

A través de la Biblia, se usa fuego como el símbolo que representa a Dios. Al estar escribiendo este libro, me preguntaba, "Porqué se usa el fuego para representar a Dios?" Después de pensar sobre esta pregunta, me di cuenta que Dios se revela a sí mismo en el mundo físico como un fuego, porque el fuego expresa limitadamente la tremenda intensidad, calor, ardor de Dios. Así como una llama maravilla la imaginación, Dios hace temblar el proceso de pensamiento en el hombre.

El fuego de Dios se usa de dos diferentes maneras en la Biblia. Primero, el fuego de Dios puede significar el poder, la presencia y la unción de Dios. Segundo , el fuego también puede representar el juicio de Dios para los pecadores. Nosotros estaremos explorando ese aspecto de juicio que tiene este fuego en otro capitulo. Aquí estaremos examinando algunos pasajes de la Biblia en donde Dios revela Su presencia como un fuego. Cada incidente de fuego señalado en este capítulo contiene una lección para aquellos que tienen hambre del fuego de Dios, así que ponga mucha atención al leer.

Adán y Eva vieron el fuego de Dios en forma de una espada ardiente que brillaba de lado a lado para cuidar el camino al árbol de la vida. Esa espada ardiente estaba defendiendo el jardín por el pecado de Adán y Eva. El fuego de Dios protegía al primer hombre y a la primera mujer de comer de este árbol de la vida, que les hubiera permitido vivir para siempre en medio de su pecado. El fuego de Dios protegerá a los Cristianos del pecado.

Abraham vio a Dios como un fuego y una antorcha encendida. El Señor deseaba hacer un pacto con su siervo. El le dio instrucciones a Abraham para preparar un sacrificio con una vaquilla, un chivo, un carnero, una paloma y un pichón joven. Estos animales serian un símbolo de un pacto eterno con Dios. En el antiguo Medio Oriente, cuando dos hombres hacían un pacto, sacrificaban estos animales y después caminaban entre las piezas como símbolo de esta relación de pacto. Abraham obedeció a Dios cortando a estos animales a la mitad y Dios apareció a Abraham. *"Cuando el sol se puso y llegó la oscuridad,* ***un fuego ardiente con una antorcha encendida apareció y pasó en medio de las piezas.*** *Este día el Señor hizo un pacto con Abraham..."* (Génesis 15:17-18). El fuego de Dios selló el pacto entre Abraham y Dios. Actualmente Dios sigue haciendo pactos con la humanidad por medio de Cristo; estos pactos son sellados cuando el fuego del Espíritu Santo viene y arde en nuestras vidas.

Moisés vio el fuego de Dios en un arbusto encendido. Moisés se encontraba en medio del desierto, cuidando las ovejas de su suegro, cuando de repente vio un fuego. *"Ahí el ángel del Señor apareció a Moisés en* ***llamas de fuego*** *que salían de un arbusto. Moisés veía que el arbusto ardía pero no se consumía. Entonces Moisés pensó, 'Iré y veré esta extraña visión, porque el arbusto no se consume.'" Cuándo el Señor vio que había venido para ver, Dios lo llamó del arbusto, 'Moisés Moisés!...'"* (Éxodo 3:2-4) Moisés encontró su destino cuando encontró el fuego de Dios. Usted encontrará su destino cuando descubra el fuego de Dios.

El pueblo de Israel vio a Dios todopoderoso como un pilar de fuego que los guiaba de noche (Exodo 13:21) Este pilar era como una gran linterna. El fuego de Dios guió al pueblo de Israel durante cuarenta años en el desierto. Ese mismo fuego que guió a Israel nos guiará en la actualidad.

El pueblo de Israel también vio a Dios descender en el monte Sinai como un fuego. Después de tres días de consagración *"... Moisés guió a la gente fuera del campamento para verse con Dios, y se quedaron al pie de la montaña. El monte Sinai estaba cubierto de humo, porque el Señor descendió sobre él con fuego. El humo subió de el como de una fogata, la montaña completa tembló violentamente"* (Éxodo 19:17-18). Cuando la gente vio el fuego de Dios, temblaron con temor. Hubo relámpagos y una gran trompeta muy fuerte que los asustó. Se quedaron lo mas lejos posible diciéndole a Moisés, *"Háblanos tú y escucharemos. Pero que no nos hable Dios o moriremos"* (Exodo 20:19).

La gente no quería escuchar la voz de Dios. Aun cuando estaban interesados en lo que Dios le estaba hablando a Moisés, ellos no querían oír a Dios directamente. Mas tarde Moisés los regaña cuando dijo, *"El Señor les habló cara a cara con el fuego de la montaña. Durante ese tiempo yo estuve entre el Señor y ustedes para decirles la palabra del Señor, porque tenían miedo del fuego y no subieron a la montaña..."* (Deuteronomio 5:4-5).

La gente se conformaba con quedarse en el valle. Ellos no querían subir a la cúspide de la montaña de Sinai. *"Para los Israelitas la gloria del Señor se veía como fuego consumidor en la cúspide de la montaña. Entonces Moisés entró en la nube y subió a la cúspide de la montaña..."* (Exodo 24:17-18) Los Israelitas vieron la gloria del Señor, pero solo Moisés experimentó la gloria de Dios. Algunas personas están satisfechas de quedarse en el valle y escuchar historias de lo que Dios esta haciendo, en lugar de subir a la montaña y visitar a Dios ellos mismos. Es posible ver el fuego de Dios y escuchar acerca de El sin realmente experimentar el fuego.

Después de que los Israelitas escucharon la voz de Dios, cuando la montaña aun ardía con el fuego, vinieron a Moisés y dijeron, *"Jehová, nuestro Dios, nos ha mostrado su gloria y su grandeza, y hemos oído su voz, que sale de en medio del fuego. Hoy hemos visto que Jehová habla al hombre, y este aún vive. Ahora, pues, ¿por qué vamos a morir? - porque este gran fuego nos consumirá; si seguimos oyendo la voz de Jehová, nuestro Dios, moriremos. Pues, ¿qué es el hombre para que oiga la voz del Dios viviente hablando de en medio del fuego, como nosotros la oímos, y aún viva? Acércate tú, y oye todas las cosas que diga Jehová, nuestro Dios. Tú nos dirás todo lo que Jehová, nuestro Dios, te diga, y nosotros oiremos y obedeceremos"* (Deuteronomio 5: 24-27). Los Israelitas temían morir si escuchaban la voz de Dios, y en cierto sentido esto es verdad. Actualmente si queremos experimentar el fuego de Dios, necesitamos morir a nosotros mismos, para que Cristo viva en nosotros.

Aquí están algunos otros encuentros que tuvo Moisés durante su vida con el fuego:

- Cuando Moisés estaba hablando con Dios la piel de su rostro resplandecía como un fuego (Éxodo 34:29).
- Moisés descubrió que Dios es un fuego consumidor (Deuteronomio 4:24).
- Dios habló a Moisés del fuego (Deuteronomio 4:36; 5:24).
- Dios ordenó a Moisés *"Quemarás las esculturas de sus dioses en el fuego"* (Deuteronomio 7:25; 9:21).
- *"Entiende, pues, hoy, que es Jehová, tu Dios, el que pasadelante de ti como fuego consumidor"* (Deuteronomio 9: 3).
- *"Jehová me dio las dos tablas de piedra escritas por el dedode Dios, y en ellas estaban escritas todas las palabras que os habló Jehová en el monte, de en medio del fuego, el día de la asamblea"* (Deuteronomio 9:10).

El salmista, al proclamar la gloria de Dios exclamó, *"Fuego irá delante de él y abrasará a sus enemigos alrededor"* (Salmo 96:3). Dios es el mismo ayer, hoy y para siempre. El fuego aun precede la llegada de Dios.

Elías el profeta vio el fuego de Dios caer del cielo (1 de Reyes 18). Él retó a los profetas de Baal a que produjeran fuego edificando un altar y llamando a sus dioses falsos que mandaran fuego del cielo para que consumiera el sacrificio. Durante algunas horas estos profetas falsos danzaron, se cortaron y pidieron que cayera fuego, pero Baal no respondió. Elías se burlaba preguntando si su dios estaba dormido o de vacaciones. Después de que se cansaron, Elías edificó un altar para el Señor con un sacrificio, después pidió que la gente lo empapara con doce jarrones grandes de agua.

Cuando Elías oró, Dios respondió con un rayo de fuego. El fuego de Dios consumió el sacrificio y el altar, dejando un gran hoyo en el suelo. Los dioses falsos no pueden descender fuego del cielo. Sólo Dios todopoderoso puede responder a Su pueblo con fuego. El fuego de Dios es lo que distingue al Dios verdadero de los dioses falsos. Otros pueden decir que tienen fuego, pero solo están aparentando al bailar al derredor del altar. Sin embargo nuestro Dios es real; Nosotros adoramos al Dios que responde con fuego!

Elías también fue llevado al cielo en un carro de fuego (2 Reyes 2: 8-11). Esto fue al final de su ministerio. El fuego acompañó a Elías en su camino a la gloria. El fuego de Dios le levantará a un nuevo nivel.

Isaías profetizó: Jesús (la Luz de Israel) será un fuego que quemará toda espina. *"Y la luz de Israel será por **fuego**, y su Santo por llama que abrase y consuma en un día sus cardos y sus espinos"* (Isaías 10:17). En un mismo día, Cristo puede quemar años de suciedad, contaminación, y basura en la vida de un individuo. Su fuego es la solución al problema.

El profeta Isaías, en un momento difícil, llamó a Dios a que descendiera como fuego. *"como **fuego** abrasador de fundiciones, fuego que hace hervir las aguas! Así harías notorio tu nombre a tus enemigos y las naciones temblarían ante tu presencia"* (Isaías 64:2). Cuando tenemos problemas, es tiempo de pedir que el fuego de Dios descienda como nunca.

Juan el Bautista bautizó con agua pero prometió que alguien vendría a bautizar con fuego. *"Yo a la verdad os bautizo en agua para arrepentimiento, pero el que viene tras mí, cuyo calzado yo no soy digno de llevar, es más poderoso que yo. Él os bautizará en Espíritu Santo y **fuego**"* (Mateo 3:11). Jesús fue el cumplimiento de esta promesa. Cuando lo invitamos a nuestras vidas, El nos bautizará con el Espíritu Santo y fuego.

Jesús proclamo, *"Yo he venido a traer fuego al mundo"* (Lucas 12:49). Jesús trajo el fuego de Dios a la Tierra de manera tangible. Por medio de Jesús todas las personas pueden experimentar el fuego de Dios.

El día de Pentecostés, el fuego que Jesús deseaba fue encendido por el Espíritu Santo en ese cuarto alto en las vidas de ciento veinte discípulos. Lenguas de fuego vinieron a descansar sobre sus cabezas. Ese mismo día, casi tres mil personas fueron salvas. Las señales de la presencia del Espíritu Santo son fuego y vidas cambiadas.

Saulo, el perseguidor de Cristianos, estaba camino a Damasco cuando de repente vio una luz brillante en el cielo. Esta luz estaba tan brillante, que lo dejo ciego. ¿Fue esta luz una pequeña muestra del fuego de Dios? Sea lo que sea cambió la vida de Saulo. Saulo se convirtió en el hombre que ahora conocemos como Pablo, quien escribió la mayoría del Nuevo Testamento. De esta misma manera, Dios cambiará nuestras vidas.

Los siervos de Dios son como un fuego. *"El que hace a sus ángeles espíritus, y a sus ministros llama de* ***fuego****"* (Hebreos 1:7). Los siervos de Dios literalmente se encienden con el fuego de Dios y brillan como el sol. Aquellos que sirven a Dios se convierten en llamas de fuego.

El apóstol Juan vio una visión de Cristo resucitado (Apocalipsis 1:12-16). En esta visión los ojos de Cristo eran como un fuego ardiente y su cara como el sol brillando en toda su magnitud. Es este mismo Cristo que regresará en las nubes, regresando como un fuego salvaje, dejando la tierra limpia.

Alístate

Como puedes ver, Dios repetidamente se revela a El mismo como fuego al hombre. ¡Esta metáfora terrenal ilustra que tan intenso es realmente Su poder! Cuando Dios se revela como fuego las vidas cambian. ¡Alístate para el fuego de Dios!

Falso: imitar, duplicar, falsificar, fabricar, hacer una dúplica.

Capítulo 4

Fuego Falso

En el último capítulo descubrimos como Dios es como fuego. Desafortunadamente, algunas iglesias han estado creando la ilusión de fuego tratando de hacerlo pasar por el auténtico en lugar de tomar el tiempo y pagar el precio espiritual del fuego verdadero.

Fuego de parque de diversiones

Cuando yo era niño, visité un parque de diversiones. En uno de los juegos un tren pasaba por un edificio en llamas. Se veía impresionante, pero aun a los seis años de edad pronto pude darme cuenta que el fuego no era real. Solo eran luces rojas reflejando en papel de estaño rojo movido con viento. En otras palabras, fue Fuego Falso.

Desgraciadamente, algunas iglesias solo tienen este fuego de parque de diversiones. Aparentemente tienen la presencia de Dios, pero es solo una falsedad. Entretienen a la congregación, pero las vidas no cambian. En estas iglesias cuidadosamente se crea una unción falsa los pastores haciendo gimnasia para iniciar los servicios, como teatro substituyendo el poder. El fuego en los servicios es creado por el hombre, no es mas que una imitación barata o en otras palabras, Fuego Falso.

Fuego Falso en el tabernáculo

Esta es una historia desastrosa de los dos hijos de Aarón, Nadab y Abihu, que Dios castigó. Habían sido muy bien enseñados para adorar a Dios poniendo un carbón de fuego del altar en sus incensiarios los cuales habían sido llenos con una mezcla especial de incienso. Al pasar estos incensiarios ante el lugar Santísimo, un dulce aroma que simbolizaba adoración y alabanza subía hacia Dios. Sin embargo, un día, cn lugar de tomar el fuego del altar, ellos empezaron su propio fuego en sus incensiarios y ofrecieron este fuego no autorizado ante Dios. En otras palabras, en lugar de ofrecer a Dios fuego del altar, ofrecieron fuego no autorizado o le podemos llamar, FUEGO FALSO. Para responder a su transgresión, fuego salió de la presencia de Dios y los consumió a los dos.

Vamos examinando porqué su violación ameritaba ese castigo tan severo. Primero, necesita entender que el fuego en el altar era sagrado. Se usaba para que al quemar la ofrenda justificar los pecados (Levítico 1:7-9.) Aarón también uso el fuego para protegerse cuando entraba al lugar Santísimo (Levítico 16:12-13). El fuego en el altar era muy importante para los Israelitas porque era la manera de ser perdonados por sus pecados.

Segundo, la fuente de este fuego en el altar era Dios. Dios le dio instrucciones a Moisés de empezar la práctica de quemar el sacrificio y después divinamente puso su sello de aprobación sobre esta forma de adoración iniciando el fuego sobre el altar. Esto iniciando en clímax de una celebración de dedicación magnífica para el tabernáculo que duraba ocho días.

El tabernáculo era un ejemplo magnífico de lo que esta gente podía lograr en el desierto si trabajaban juntos para obedecer las instrucciones de Dios. El oro, plata y bronce brillando con el sol del desierto. Las cortinas alrededor del tabernáculo eran de lino fino torcido con bordado de estambre azul, púrpura y escarlata. La carpa estaba en el centro del campo como lugar donde habitaba el Señor.

En la ceremonia de dedicación, las multitudes observaban como Moisés traía a Aarón y a sus cuatro hijos a la entrada del Lugar de Reunión y los lavaba con agua. Después de que Moisés los ungía para sus tareas de sacerdotes, los vestia con ropa santa del ministerio. Aarón tenia una coraza cubierta con doce piedras preciosas y un turbante con un sello dorado con las palabras "Santo es el Señor" Su ropa era de una tela preciosa azul y tenia campanas de oro y granadas pegadas. Los hijos de Aarón, incluyendo Nadab y Abihu, vestían unas ropas de lino fino. Sus cintos eran bordados con estambre azul, púrpura y escarlata. La congregación se maravillaba de ver a estos hombres de Dios ser apartados para el servicio divino.

Durante la ceremonia, Aarón se acercaba al altar y sacrificaba una ofrenda por los pecados, un sacrificio quemado y un sacrificio de comunión. De repente la gloria del Señor aparecía a la gente y fuego salía del lugar Santísimo prendiendo milagrosamente el fuego en el altar. *"Salió **fuego** de la presencia de Jehová y consumió el holocausto con las grasas que estaban sobre el altar. Al ver esto, todos los del pueblo alabaron y se postraron sobre sus rostros"* (Levítico 9:24).

Fuego continuo

Este fuego era tan precioso que a los sacerdotes Dios les ordenó mantener este fuego encendido en el altar continuamente. Debía ser un fuego perpetuo; no se permitiría dejarse apagar. La instrucción de mantenerlo encendido se da tres veces en seis versos consecutivos. *"consumiéndose en el fuego del altar"* (Levítico 6:9), *"El fuego encendido sobre el altar no se apagará"* (Levítico 6:12), y una vez mas, *"El fuego arderá continuamente en el altar: no se apagará"* (Levítico 6:13). Cada vez que el Señor repite éste mandamiento, es más enfático. El fuego del altar era sagrado y no se tenia que apagar.

Nos podemos imaginar a los sacerdotes cuidadosamente vigilando el fuego para garantizar que no se apagara. Lo mantendrían encendido con suficiente madera siempre disponible en el altar. Encontrar tanta madera no era tarea fácil en el desierto. Los sacerdotes con cuidado cargaban el altar de lugar a lugar usando los postes que pasaban por los aros de bronce del altar (Éxodo 38:7). Mantenían el fuego encendido siempre. Este era el fuego que se utilizaba para adorar a Dios en el Tabernáculo.

Sin embargo, un día, se usó un fuego falso en el Tabernáculo. Dios había dado detalles, instrucciones específicas sobre la alabanza, y Nadab y Abihu eligieron desobedecerlas. Ellos entraron en el lugar Santísimo, *"Nadab y Abiú, hijos de Aarón, tomaron cada uno su incensario, pusieron en ellos fuego, le echaron incienso encima, y ofrecieron delante de Jehová un fuego extraño, que él nunca les había mandado"* (Levítico 10:1). Otras traducciones dicen que ofrecieron "fuego no santo" al Señor. Como respuesta, Dios tuvo que castigarlos. *"Entonces salió de la presencia de Jehová un fuego que los quemó, y murieron delante de Jehová"* (Levítico 10:2).

¿Porque desobedecieron a Dios Nadab y Abihu? No lo sabemos, pero se nos da una pista un poco mas adelante cuando Dios les ordena a los sacerdotes que no tomen vino o ninguna otra bebida fermentada. Quizá los dos hijos de Aarón habían estado celebrando y se embriagaron y en ese estado de embriaguez deshonraron el lugar de adoración. Ellos encendieron su propio fuego en lugar de usar el fuego que venia de Dios.

Ese día, el olor de piel quemada llenó el Tabernáculo. Este no era el olor normal de la ofrenda, sino, era el olor de humanos que habían desobedecido a Dios. Esta historia de dos jóvenes que substituyeron el fuego de Dios por uno hecho por hombres y pagaron un precio al experimentar el juicio divino fue trágica. Recientemente, estos dos muchachos habían sido ordenados como sacerdotes en una ceremonia preciosa. Esta posición era de gran honor y responsabilidad, pero la deshonraron ofreciendo el FUEGO FALSO.

Esta historia contiene un aviso para la iglesia. Si queremos experimentar el fuego de Dios, debemos ser santos. No podemos ofrecerle a Dios un fuego que no sea santo. Los hijos de Aarón descubrieron que no es sabio jugar con el fuego de Dios. Ellos estaban tan familiarizados con el Tabernáculo que se olvidaron que era el lugar donde moraba Dios. En lugar de honrar al Señor, bromeaban casualmente al entrar en el lugar Santísimo y esto trajo juicio sobre sus cabezas.

¿De donde sacaron los hijos de Arón la idea que podían jugar con fuego falso dentro del Tabernáculo santo? Desafortunadamente, aprendieron a no respetar el fuego de Dios al ver a su padre. Anteriormente Moisés había ascendido a la montaña experimentando el fuego real de Dios (Éxodo 24:17- 18). Mientras tanto, Aarón estaba en el valle creando un ídolo en forma de becerro y calentaba el oro con un fuego natural (Éxodo 32:4). El juicio de su pecado vino cuando perdió a sus dos hijos. Moisés experimentó la presencia genuina de Dios, pero Aarón sentía satisfacción con un ídolo hecho por hombres y FUEGO FALSO.

Tres cosas que debemos saber sobre el fuego falso:

1. Cuando el fuego falso reemplaza el fuego real, habrá juicio.Cuando Nadab y Abihu intentaron substituir su propio fuego por el de Dios, ellos experimentaron juicio. El fuego de Dios juzgara este fuego que no es santo. El fuego de Dios tiene dos naturalezas; trae la gloria de Dios, pero también trae el juicio de Dios. Este juicio revela lo que realmente está en el corazón del hombre y quema el pecado. Cuando un fuego que no es santo entra en contacto con el fuego real de Dios, el fuego falso será expuesto por lo que realmente es. Es tiempo que la Iglesia tome un estándar de santidad mas alto.

2. Cuando el fuego real aparece, el fuego falso ya no impresiona a nadie. El fuego que utilizó Aarón para formar el ídolo no impresiono a los Israelitas una vez que cayo el fuego real de Dios. El fuego falso nunca mantuvo el calor. Hay una diferencia evidente entre el fuego falso y el real. Cuando aparece el fuego real, nadie danzará alrededor del fuego falso. Ninguna persona que ha experimentado el fuego real de Dios podrá estar satisfecha nunca mas con fuego falso. Es tiempo de dejar de substituir el fuego real de Dios por algo que parece bueno, pero que no tiene calor. Ésta insatisfacción divina hará que el pueblo de Dios busque la unción autentica. Cuando venga el avivamiento real, nadie estará satisfecho con las cenizas.

3. El fuego hecho por el hombre solo puede crear ídolos hechos por hombres. Aarón trató de crear su propio dios formándolo en un fuego que él mismo creó. Algunas veces en la iglesia nos fijamos en cosas que nosotros hemos logrado en lo natural y decimos, "Vean lo que ha hecho Dios." Pero, mientras tanto, se ha estado forjando el oro formado ídolos. Dios no lo hizo; lo hizo el hombre tomando el oro de la gente y jugando con el mientras se les da algo falso que adorar. Es tiempo que la iglesia renuncie al fuego falso y lo reponga con el fuego real.

Las iglesias no tienen la necesidad de quedar satisfechas con fuego falso. Dios esta dispuesto a mandar Su fuego real a cualquier persona que realmente busca Su rostro. ¿Usted podrá estar satisfecho con una imitación, o quiere experimentar lo autentico?

"Fuego del Espíritu Santo Desciende sobre mí.
Enciende las brazas con llamas ardientes
Tan fuertes que todos las puedan ver."
Michael Ott

Capítulo 5

No Seas Tibio

Algunos prefieren caliente, algunos prefieren frío... *"Yo conozco tus obras, que ni eres frío ni caliente. ¡Ojalá fueras frío o caliente! Pero por cuanto eres tibio y no frío ni caliente, te vomitaré de mi boca"* (Apocalipsis 3:15- 16). Jesús el testigo fiel y verdadero, habló estas palabras a la iglesia en la ciudad de Laodicea. Aparentemente, la iglesia había estado encendida para Dios en algún tiempo, pero se había enfriado. Ellos habían permitido que las brasas se enfriaran y las llamas murieran.

Jesús los condenó severamente por olvidar su poder. Una persona que pierde el fuego de Dios es peor ante los ojos de Dios que una persona qué nunca ha experimentado el fuego de Dios. Esto es porque han probado el fuego de Dios y lo han perdido. Cualquier persona que regresa a una dieta blanda de la palabra después de probar la magnificencia de la gloria de Dios merece ser escupido de la boca de Dios. Este tipo de persona tiene un tipo de santidad, pero niegan el poder de Dios. Ellos hablan de lo que Dios ha hecho en el pasado, pero nunca ven a Dios moverse en el presente.

Jesús continua diciendo, *"Por tanto, yo te aconsejo que compres de mí oro refinado en el fuego para que seas rico"* (Apocalipsis 3:18). Aun cuando Laodicea se había hecho tibia, existía una solución. Aquellos que han perdido el fuego de Dios lo pueden encontrar de nuevo. Si tú te has convertido en una persona tibia, es necesario que te enciendas con este fuego de nuevo. Jesús te encontrará en el lugar donde te encuentras actualmente, encendiendo la llama en tu corazón. Jesús prometió, *"Yo estoy a la puerta y llamo; si alguno oye mi voz y abre la puerta, entraré a él y cenaré con él y él conmigo"* (Apocalipsis 3:20).

Es vital mantener el fuego ardiendo en tu vida. Así como mientras un globo de aire caliente se mantiene caliente, continúa ascendiendo. Sin embargo si el aire dentro del globo empieza a enfriarse, empezará a descender. Entre mas frío el aire, mas desciende. Si el globo está tibio, nunca logrará su propósito. ¡Mantén el fuego ardiendo!

Enciende el regalo de Dios

Pablo dijo a Timoteo. *"Por eso te aconsejo que avives el fuego del don de Dios que está en ti por la imposición de mis manos"* (2 Timoteo 1:6). Note que el fuego originalmente vino de Dios cuando Pablo impuso manos sobre Timoteo, pero ahora Pablo le dice a Timoteo que haga un esfuerzo de mantener el fuego ardiendo. Si el fuego de Dios se descuida, se morirá lentamente.

Después de encender un fuego necesita ser alimentado. Pablo está sugiriendo que se debe soplar en esta llama hasta que arda con intensidad. Al soplar sobre una llama se proporciona oxígeno que provoca que el fuego arda con mas intensidad. Este oxígeno es el aliento del Espíritu Santo, que quita las telarañas y provoca que las brazas brillen otra vez. Entre más se sopla sobre el fuego, más intenso es su calor.

No apague el fuego

"No apagues al Espíritu" (1 Tesalonicenses 5:19). Es posible perder el fuego de Dios. Esto puede ser un proceso lento, mortal que inicia con la apatía, de ahí continúa con estancamiento y finalmente termina con las cenizas de la indiferencia espiritual. Apagar el Espíritu de Dios provoca ser tibios. Mantener el fuego ardiendo es el resultado de una decisión que tomamos de mantener nuestra rel-

ación con Dios. El Espíritu se apaga cuando quitamos nuestros ojos de Jesús y empezamos a poner los ojos en las mentiras de Satanás.

¿Como trata de apagar el fuego Satanás?

Satanás atacará al Cristiano encendido con toda su habilidad. Si no funcionan las pruebas y la tribulación, el usará la distracción sutil y las excusas para lentamente apagar el fuego original. Aquí están algunas de las técnicas engañosas que Satanás usa para apagar nuestra sensibilidad al Espíritu.

1. Ocuparnos- Si Satanás no te puede influenciar, entonces tratará de mantenerte ocupado. Algunas veces las personas se enredan tanto en la red de la vida, que dejan de pasar tiempo con Dios. El trabajo, compras, la cena, la práctica de fútbol o ver la televisión pueden hacer su vida tan ocupada, que es imposible mantener el fuego ardiendo. Si quieres mantener el fuego ardiendo, Dios tiene que ser su primer prioridad. *"Buscad primeramente el reino de Dios y su justicia, y todas estas cosas os serán añadidas"* (Mateo 6:33).

2. Cansancio- Yo tengo un amigo que en un tiempo estaba tan encendido para Dios, que con frecuencia salía a evangelizar. El estaba muy emocionado de ser Cristiano. Es triste que ahora se encuentra viviendo en pecado y nunca va a la iglesia. Cuando yo le pregunté porqué ya no servia al Señor, él me dijo "Me canse de estar resistiendo toda la tentación." Algunas personas se cansan de ir a la iglesia o de leer la Biblia. Esta actitud produce apatía. *"Pero vosotros, hermanos, no os canséis de hacer bien"* (2 Tesalonisenses 3:13).

3. Auto-lastima - Cuando las cosas se empiezan a poner mal,

Satanás rápidamente ataca las emociones aconsejándonos con pensamientos de inferioridad e insignificancia. Cuando el cristiano que esta encendido por Dios empieza a escuchar, la auto-lastima rápidamente empieza a ahogar el fuego. La auto- lastima ocurre cuando la persona quita sus ojos de Jesús y empieza a ver sus problemas. No sienta lastima por usted mismo. *"Todo lo puedo en Cristo que me fortalece"* (Filipenses 4:13).

4. Desánimo - Un cristiano recién nacido empieza a compartir el evangelio con emoción. Cuando hay poca o nada de respuesta, es fácil desanimarse. El fuego original empieza a apagarse, dejando nada mas que un recuerdo del primer fervor. No te desanimes, Jesús está contigo. El prometió, *"No te desampararé ni te dejaré"* (Hebreos 13:5).

5. Preocupación - ¿Qué comeré mañana? ¿Que vestiré mañana? ¿Tendré suficiente dinero? Estas preguntas pequeñas de todos los días pueden actuar como un extinguidor. Deje de preocuparse, Dios te va a cuidar. *"Por tanto os digo: No os angustiéis por vuestra vida, qué habéis de comer o qué habéis de beber; ni por vuestro cuerpo, qué habéis de vestir"* (Mateo 6:25).

6. Distracciones - El mundo a nuestro alrededor demanda nuestra atención por medio de teléfonos celulares, correos electrónicos, la televisión, música, periódicos y anuncios. Es demasiado fácil distraerse y no pasar tiempo con Dios. Estas distracciones pronto eliminan el entusiasmo de servir a Dios. Manténga tus ojos en Jesús en lugar de en las distracciones. *"Puestos los ojos en Jesús, el autor y consumador de la fe"* (Hebreos 12:2).

7. Contiendas - envidia, celos y pleitos – esta es la moneda del terreno de Satanás. Desde el principio, Satanás ha estado creando contiendas. Las guerras, asesinatos y la división de la iglesia, vienen de esta enfermedad mortal. El fuego de Dios no puede caer cuando las personas están peleando. La solución es caminar en amor con los que nos rodean. *"pues donde hay celos y rivalidad, allí hay perturbación y toda obra perversa"* (Santiago 3:16).

8. Falta de Perdón, Amargura y Odio Su pasión espiritual por Dios no puede existir si no tiene perdón para los demás. Hay un dicho que nos dice que el amor es ciego, pero yo pienso que el odio es aun mas ciego. El odio puede prevenir que usted vea la realidad. Cuando usted construye una pared de amargura a su alrededor, lo separa de las bendiciones y la dirección de Dios. La falta de perdón nos ciega de lo que realmente es la vida. Si usted vive con falta de perdón, vive en la oscuridad. *"El que ama a su hermano, permanece en la luz y en él no hay tropiezo. Pero el que odia a su hermano está en tinieblas y anda en tinieblas, y no sabe a dónde va, porque las tinieblas le han cegado los ojos"* (1 de Juan 2:10- 11).

Cómo resistir a Satanás

¿Cómo podemos resistir las estrategias del diablo? Primero, debemos reconocer lo que el gran engañador está tratando de lograr. Cada uno de estos probables extinguidores quita nuestros pensamientos de Cristo y los pone sobre nosotros mismos. Entonces, la solución es estar constantemente enfocados sobre Dios. Si nos sometemos a Dios y resistimos al diablo la Biblia promete que él huirá de nosotros (Santiago 4:7).

Segundo, debemos estar ardiendo en el Espíritu. *"En lo que requiere diligencia, no perezosos; fervientes en espíritu, sirviendo al Señor"* (Romanos 12:11). Nunca debemos dejar nuestra relación con Dios. Debemos mantener el mismo entusiasmo que teníamos cuando primero fuimos salvos. Siempre debemos mantener nuestro primer amor para Dios brillando y ardiendo con el Espíritu.

Tercero, necesitamos recordar que la presencia de Dios es preciosa. Estime y valore la unción del Espíritu Santo. Luche para nunca hacer algo que apague el fuego de Dios. Hay algunas cosas que debemos hacer para permanecer en la presencia de Dios. En el siguiente capitulo examinaremos algunas claves para mantener el fuego vivo. Estas incluyen: oración, lectura de la Biblia, alabanza y permanecer cerca de aquellos que también están encendidos.

"Yo he venido a traer fuego al mundo"
Jesucristo (Lucas 12:49)

Capítulo 6

Mantén el Fuego

Había una vez un grupo de monos que vivían en el bosque. Cuando los hombres vinieron al bosque, los monos estaban curiosos al ver el fuego que los hombres hacían. Cuando los hombres se sentaban alrededor de la fogata, los monos se ponían a observar la maravillosa fogata. Cuando los hombres se iban a dormir, los monos bajaban cuidadosamente de los árboles y se sentaban alrededor del fuego a calentarse con su resplandor. Los monos disfrutaban del fuego, pero no sabían como juntar la leña para mantener el fuego ardiendo. Aun cuando había suficiente leña disponible, los monos dejaban que el fuego lentamente se apagara. ¿Cuantos cristianos disfrutan del fuego de Dios, pero fallan al tener que hacer lo necesario para mantener el fuego ardiendo?

Nosotros debemos guardar, mantener, atender y proteger el ardiente, intenso, consumidor poder de Dios. Solo podemos mantener el fuego permaneciendo en la presencia de Dios.

Yo le doy gracias a Dios por mis padres, Roberto y Susana King. Ellos son la razón por la que yo he mantenido el fuego de Dios. Muchos adolescentes pasan por una etapa de rebeldía en la que se apartan de la educación cristiana. Yo gozo de la bendición de no haber experimentado el dolor de esa separación. Desde que era niño, he amado y servido a Dios con todo lo que hay en mí. Yo atribuyo esto a la dedicación de mi madre a una practica que llamamos "Adoración y Alabanza de Mañana." Cada mañana mi madre nos despertaba a mí y a mis hermanos y pasábamos tiempo adorando a Dios, orando y escuchado sermones poderosos grabados. Este tiempo diario de adoración mantuvo el fuego ardiendo dentro de mí.

Cuando nos sentimos ocupados, cansados, con auto- lastima, desanimados, preocupados o distraídos; debemos mantener el fervor por las cosas de Dios. Esto se logra pasando tiempo orando, leyendo la Biblia, alabando a Dios y pasando tiempo con personas que tienen el fuego de Dios. Esos son cuatro troncos de leña que podemos poner en el fuego para mantenerlo ardiendo.

La oración mantiene el fuego ardiente

¡La oración siempre viene antes que el fuego! Antes de caer fuego sobre los discípulos en Pentecostés, ellos habían pasado muchos días en oración *"Todos estos perseveraban unánimes en oración"* (Hechos 1:14). Cada avivamiento inició cuando un grupo de creyentes empezaron a orar. La oración siempre enciende la intervención divina sobre los asuntos humanos. Si no hay oración no hay fuego.

¡La oración siempre viene antes que el fuego!

La oración es el método que nos permite tener comunión con el Espíritu de Dios. Estar encendidos es estar en oración constantemente. Somos exhortados a ser *"...constantes en la oración"* (Romanos 12:12). Si tu quieres pescar el fuego de Dios, primero debes orar. Si quieres mantener el fuego de Dios, debes seguir orando.

Cuando las personas dejan de orar, es como dejar de respirar. El hombre físico debe respirar para poder vivir. De la misma manera, el hombre espiritual debe orar para sobrevivir. La oración debe ser una parte automática de la vida. Orar debe ser tan natural como respirar. Sin tener contacto con Dios, el hombre espiritual empieza a morir. Jesús les dijo a sus discípulos *"...Orar siempre y no desmayar"* (Lucas 18:1). Pablo también nos instruye a través de los siglos a orar continuamente. *"Orad sin cesar"* (1 de

Tesalonicenses 5:17). Cuanto tiempo sobreviviría si decidiera tomar algunos días o aun algunos minutos sin respirar?

Una persona un día pregunto al ministro poderoso Smith Wigglesworth que tanto tiempo pasaba en oración cada día. El Sr. Wigglesworth regularmente veía milagros increíbles ocurrir en sus servicios y levanto a varias personas que habían muerto. Este hombre quería saber el secreto del éxito de Wigglesworth. Él quizá quería descubrir el número de horas mágico que Wigglesworth dedicaba a la oración. Wigglesworth sorprendió al hombre diciendo, "Nunca oro por mas de quince minutos... pero nunca paso mas de quince minutos sin orar." En otras palabras, el Sr. Wigglesworth tenia una relación continua con Dios.

Se ha dicho que, "Es mejor orar un poco mucho, que mucho un poco." Yo creo que la esencia para estar encendido incluye estar consciente de Dios siempre y desarrollar un habito de consultarlo a El sobre los pequeños detalles de nuestras vidas.

Jesús esta buscando seguidores que oren. En el huerto de Getsemani Jesús estaba profundamente afligido sobre su pronta crucifixión. El les pidió a sus discípulos que oraran, y en lugar de orar se quedaron dormidos. *"Vino luego y los halló durmiendo, y dijo a Pedro: Simón, ¿duermes? ¿No has podido velar una hora? Velad y orad para que no entréis en tentación; el espíritu a la verdad está dispuesto, pero la carne es débil"* (Marcos 14:37-38).

Sin oración nunca permanecerá encendido para Dios. La oración es importante en cada etapa del fuego espiritual. Siempre recuerde que la puerta al gabinete de la oración también es la puerta al trono de Dios. La oración es la clave para mantener el fuego.

Leer la Palabra mantiene el fuego brillante

"Lámpara es a mis pies tu palabra y lumbrera a mi camino" (Salmo 119:105). Cuando el salmista escribió esto no existían las lámparas eléctricas. La luz a la que el se refería era una antorcha de fuego ardiente y la lámpara era un plato de barro lleno de aceite que

daba luz al quemar la mecha. La Palabra de Dios es el fuego que nos guía en el camino de justicia.

Su palabra *"había en mi corazón como un fuego ardiente metido en mis huesos. Traté de resistirlo, pero no pude"* (Jeremías 20:9). Imagínese un motor de vapor. El ingeniero construye un gran fuego debajo de un boiler lleno de agua. Al calentar el agua, empieza a hervir. Al empezar a hervir se crea una gran presión. Si no se suelta el vapor, el fuego causará que el boiler explote.

"¿No es mi palabra como un fuego, dice Jehová" (Jeremías 23:29). Jeremías estaba tan lleno de la Palabra de Dios, que se sentía como una hoya de presión. Él no podía callar más. La Palabra de Dios permanecía en su corazón como un fuego. Escuchar La Palabra aumenta la fe. *"Así que la fe es por el oír, y el oír, por la palabra de Dios"* (Romanos 10:17).

La Palabra de Dios aumenta dentro del Cristiano, hasta que arde! El calor hace que la Palabra de Dios literalmente explote fuera del Cristiano encendido. Cuando la persona cuenta con suficiente Palabra de Dios, la Palabra se proclama. *"de la abundancia del corazón habla la boca"* (Mateo 12:34).

El Señor le dijo a Josué, *"Nunca se apartará de tu boca este libro de la Ley, sino que de día y de noche meditarás en él, para que guardes y hagas conforme a todo lo que está escrito en él, porque entonces harás prosperar tu camino y todo te saldrá bien"* (Josué 1:8). Josué tuvo éxito en todo lo que hacia, pues meditaba en La Palabra día y noche. El fue un gran hombre de valor que confió en la Palabra de Dios para guiar a millones de personas por el Río Jordán para tomar la tierra de Canaan. Josué declara, *" ...pues yo y mi casa serviremos al Señor"* (Josué 24:15). Josué tenia la fe para declarar esto, pues el estaba lleno de la Palabra de Dios. El conocía el valor de mantener este fuego.

Alabar a Dios mantiene el fuego brillante

Dos hombres fueron echados en la cárcel aun cuando no habían cometido nungun crimen. Fueron azotados hasta sangrar. Sus pies fueron atados. Estos eventos son suficiente razón para que cualquier persona sienta el fuego apagado, se sienta desilusionado y deprimido.

A pesar estos problemas, los dos hombres no permitirían que su fuego se apagara tan fácil por Satanás. En lugar de sentirse sin esperanza, ellos empezaron a alabar a Dios. Aun cuando estaban amarados, rodeados de guardias y en una situación que parecía sin esperanza, ellos se regocijaron en la bondad de Dios. *"Pero a medianoche, orando Pablo y Silas, cantaban himnos a Dios; y los presos los oían"* (Hechos 16:25).

Los prisioneros no fueron los únicos que escucharon, Dios también estaba escuchando sus cantos de alabanza y cuando Dios escucho. El empezó a moverse junto con ellos. Cuando Dios empezó a mover sus pies con el ritmo de las alabanzas, causo un terremoto. Este terremoto sacudió las cadenas quitándolas de Pablo y Silas. *"Entonces sobrevino de repente un gran terremoto, de tal manera que los cimientos de la cárcel se sacudían; y al instante se abrieron todas las puertas, y las cadenas de todos se soltaron"* (Hechos 16:26).

La Biblia nos dice que un guardia junto con toda su familia fueron salvos esa noche. Si Pablo y Silas no hubieran alabado a Dios, el guardia no se hubiera salvado. Cuando ellos empezaron a alabar a Dios, esto movió el fuego dentro de ellos. En medio de una circunstancia terrible, alabar y adorar a Dios mantendrá el fuego ardiendo.

La alabanza prepara nuestros corazones para el fuego y también hará nacer de nuevo el fuego que empezó a apagarse. Cuando hablamos de las cosas maravillosas que Dios ha hecho, cambia nuestra actitud. Dejamos de pensar en nosotros mismos y empezamos a pensar sobre la grandeza de Dios. La alabanza nos permite mantener este fuego de Dios ardiendo.

Estar en compañía de personas que arden por Dios nos ayuda a mantener el fuego

¿Alguna vez has estado con alguna persona que echa agua en tu leña? Las personas con las que te asocias determinan el nivel de tu pasión por Dios. Las personas tibias con frecuencia critican a los seguidores radicales de Cristo. Ellos intentan bajar a las personas a su nivel de indiferencia. Como dice Billy Joe Daugherty, " Los tibios no son vencedores." Si quieres ser un vencedor, aléjate de los tibios. El fuego de Dios no tiene comunión con los fríos.

La mejor manera de mantenerse encendido por Dios es estar con personas que tienen el celo por Dios. El fuego es contagioso. Es como una enfermedad contagiosa que las personas pueden pescar solo por estar cerca de una persona que con entusiasmo sirve a Dios. Si te juntas con personas que siempre están hablando de alcanzar a las personas perdidas y de alabar a Dios, estarás motivado a vivir de la misma manera. De la misma manera si estas con personas que constantemente hablan con malas palabras o ven películas malas, empezarás a imitarlos. Tu vida será una imagen de las personas con las que mas convives. ¿Quieres estar alrededor de persona que encienden tu fuego o que mojan tu leña? Usted deberá tomar esa decisión.

Pablo ordena a los creyentes en Filipenses. *"Hermanos, sed imitadores de mí y mirad a los que así se conducen según el ejemplo que tenéis en nosotros"* (Filipenses 3:17). La unión de Cristianos produce un sinergismo que aumenta la temperatura del grupo entero. *"No dejando de congregarnos, como algunos tienen por costumbre"* (Hebreos 10:25). Un grupo de creyentes reunidos lograran grandes cosas para Dios.

Estar en la presencia de Cristo definitivamente mantiene el fuego ardiendo. Después de su resurrección, Jesús caminó con dos hombres en el camino a Emmaus y les explicaba a ellos las escrituras. Después, ellos se preguntaban, *"¿No ardía nuestro corazón en nosotros, mientras nos hablaba en el camino y cuando nos abría las Escrituras?"* (Lucas 24:32).

Usted se convertirá como las personas que le rodean. Manténgase rodeado de personas fervientes con energía, intensidad y entusiasmo para Dios y usted también estará ferviente para Dios. Orar, leer la Biblia, alabar a Dios y estar rodeado de personas con este mismo fuego son ingredientes esenciales para permanecer en la presencia de Dios.

"Dame el amor que muestra el camino, La fe que nada puede consternar La esperanza que ninguna desilusión acabe,
La pasión que arderá como el fuego,
No me permitas hundi raser un terrón:
Hazme Tu combustible, Llama de Dios.
Amy Carmichael

Capítulo 7

El Fuego Destruye el Peso

Nunca olvidaré la primera vez que vi un globo aerostático. Solo era un pequeño cuando mis padres me llevaron a un festival de globos. Llegamos antes de que saliera el sol para ver que llegaban unas camionetas enormes con globos aerostáticos enrollados muy bien. Los colores brillantes me fascinaron al ver que los hombres desenrollaban la tela y colgaban canastas pequeñas en aquellos enormes globos. Cuando se encendió un fuego dentro de las canastas, las ardientes llamas causaban que el globo se elevara lentamente hasta que tenían que tirar de las cuerdas que los detenían al suelo. Al salir el sol, se soltaron las cuerdas, bolsas de arena se tiraron de las canastas y el fuego aumento su intensidad. ¡De repente los globos fueron liberados de las cadenas de la gravedad y empezaron a volar!

Es hermoso ver que un globo aerostático lentamente flote en el cielo. El sol de la mañana pega en el globo antes de que nosotros pudiéramos ver el amanecer. Después el globo sube, sube, sube al cielo azul hasta que parece ser solo un punto en el amanecer.

De muchas maneras, el camino del Cristiano es parecido a este vuelo del globo. La Biblia dice, *"La senda de los justos es*

como la luz de la aurora, que va en aumento hasta que el día es perfecto" (Proverbios 4:18). El camino del hombre justo va de gloria en gloria hasta que su brillo se compara con la luz del día. Tanto el camino del globo como y el camino del justo continuamente se están elevando.

Al calentarse el globo empieza a elevarse rápidamente. Esto es resultado de una llama que calienta rápidamente el aire dentro del globo. Una vez que el aire caliente dentro del globo es mas ligero que el aire frío fuera del globo, empieza a flotar porque el aire caliente tiende a subir. Sin esta llamarada, el globo permanecería atado al piso.

De manera similar; nadie puede ascender espiritualmente sin el fuego de Dios que arda dentro de él. El fuego de Dios es el ingrediente que permite que cada Cristiano pueda volar en lo alto. El fuego de Dios llevará a cada Cristiano a un nuevo nivel en su caminar con Dios, *"nuestro Dios es fuego consumidor"* (Hebreos 12:29).

Las bolsas de arena que caen a los lados de la canasta también puede impedir el vuelo de un globo aerostático. Estas son pesas que previenen el vuelo del globo. Con frecuencia diferente peso como el pecado, duda, o temor pueden prevenir que los hijos de Dios avancen al siguiente nivel espiritual que Dios tiene para ellos. Es tiempo de deshacerse de este peso que nos está previniendo cumplir el propósito de Dios. *"Por tanto, nosotros también, teniendo en derredor nuestro tan grande nube de testigos, despojémonos de todo peso y del pecado que nos asedia, y corramos con paciencia la carrera que tenemos por delante"* (Hebreos 12:1).

Este peso se debe eliminar completamente. Si las bolsas de arena se ponen dentro de la canasta, nadie las puede ver, pero aun impiden que el globo se eleve. Externamente esto puede engañar a la gente, pero el globo permanecerá cerca del suelo. Si un Cristiano intenta esconder el pecado en lugar de eliminarlo de su vida, puede aparentar estar bien, pero hay corrupción en su interior. El pecado escondido le impide elevarse. Se debe eliminar el pecado antes de poder volar alto con Dios.

Sacrificios Vivientes

En el Antiguo Testamento, el pecado se limpiaba simbólicamente con el sacrificio de un cordero en el altar. Actualmente, lo que Jesús hizo en la cruz como sacrificio perfecto limpia nuestro pecado. Podemos tomar lo que El hizo ofreciendo *"nuestros cuerpos como sacrificios..."* (Romanos 12:1). Cuando nos ponemos a nosotros mismos en el altar dedicando nuestras vidas a Dios, el fuego de Dios empieza a arder dentro de nosotros. El fuego destruye todo pecado y peso y nos deja puros y limpios delante de Dios. El fuego de Dios es como fuego que refina y elimina toda impureza del oro y la plata. Todo lo que no es oro, se consume. *"¿Pero quién podrá soportar el tiempo de su venida? o ¿quién podrá estar en pie cuando él se manifieste? Porque él es como fuego purificador... Él se sentará para afinar y limpiar la plata: limpiará a los hijos de Leví, los afinará como a oro y como a plata, y traerán a Jehová ofrenda en justicia"* (Malaquias 3:2-3).

El problema de ser un sacrificio viviente es que nuestra carne insiste en bajarse del altar. Nuestra naturaleza humana no quiere morir. Nuestra naturaleza pecaminosa no quiere morir, pero para poder llegar al siguiente nivel que Dios ordena, nuestra naturaleza vieja tiene que morir. Cuando nuestra naturaleza pecaminosa trata de huir, necesitamos tomarla y ponerla de nuevo en el altar como sacrificio para Dios.

El viejo hombre debe quemar en el altar de dedicación para Dios. Todas las dudas, enojo y orgullo son símbolos de una vida de pecado. Ahora es tiempo de quemar todo el peso adicional.

El peso del pecado puede llevar a una persona directo al infierno. Debemos poner en el altar todo mal pensamiento y obra. *"...en las cuales vosotros también anduvisteis en otro tiempo cuando vivíais en ellas. Pero ahora dejad también vosotros todas estas cosas: ira, enojo, malicia, blasfemia, palabras deshonestas de vuestra boca. No mintáis los unos a los otros, habiéndoos despojado del viejo hombre con sus hechos"* (Colosenses 3: 7-9). El peso o las cargas no existen en la presencia del fuego de Dios.

Todos estos pecados sucios son peso que impide que las personas logren recibir lo mejor de Dios. Debemos dejar el peso para poder subir. Arrepiéntase de sus pecados y será libre! *" Si confesamos nuestros pecados, él es fiel y justo para perdonar nuestros pecados y limpiarnos de toda maldad"* (1 Juan 1:9). Jesús dará el descanso a los que están cansados y trabajados. *"Así que, si el Hijo os liberta, seréis verdaderamente libres"* (Juan 8:36). ¡Jesús te hará libre!

En el libro clásico cristiano *Pilgrim's Progress*, el héroe carga con una gran piedra amarrada a su espalda. El peso le estorba en su camino hasta que llega a los pies de la cruz, en donde es liberado de la carga opresiva. Cuando llegamos a los pies de la cruz, su fuego destruye sobrenaturalmente toda carga.

Cuando Jesús murió en la cruz, El tomó la carga del mundo sobre sus hombros. Todo pecado, toda enfermedad, todo problema y toda carga Cristo los llevó ese día. Él usó sus músculos espirituales y aventó toda esa carga. Ya no la necesitamos cargar.

El Programa Sobrenatural de Dios Para Perder Peso

En este último mes he visto cientos de anuncios para perder peso. Las dietas están de moda en esta sociedad que está tan orientada a la apariencia. Las personas quieren perder peso rápido y los programas para péder peso tratan de cumplir con esta obsesión. Todos están buscando cortar camino. Muchos programas para perder peso nos dicen que podemos hacerlo sin hacer ejercicio y comer todo lo que queramos. Esta conclusión ilógica que apoyan con fotos que muestran a una persona que se supone perdió peso sin esfuerzo. En realidad perder peso requiere ejercicio y hábitos sanos para comer.

Cuando las personas están tratando de perder peso, tienen que sacrificar algunas de sus comidas favoritas y su estilo de vida inactivo para mejorar su condición física. También cuando decidimos mejorar nuestra condición espiritual tenemos que hacer sacrificios. El programa para perder peso espiritual de Dios requiere que comamos bien (La Palabra), y que ejercitemos al hombre espiritual (orando). Este ejercicio enciende el fuego de Dios dentro de nosotros quc a su vcz quema todo el peso excesivo.

El Peso Puede Hacer que se le Pase el Tren de Dios

Una de las primeras veces que mi familia viajó a Europa, llevamos una tonelada de maletas. Como el propósito de nuestro viaje era el ministerio de los niños, al final llevamos mucho mas cosas adicionales. Nuestro equipaje estaba fuera de control. Decidimos que necesitábamos disfraces, títeres, instrumentos musicales, premios, decoración y objetos para las lecciones. Tres de nosotros cargábamos un total de diez maletas.

En Europa los trenes llevan un horario exacto. En una ocasión no calculamos bien el tiempo que nos tomaría llegar a la estación del tren. Llegamos solo cinco minuto antes de que saliera el tren. Con desesperación, tomamos nuestras cosas y corrimos a la plataforma.

Pusimos algunas de las maletas en unos carritos y los empujamos por toda la estación lo mas rápido que pudimos. Esquivamos gente y puestos de periódicos. Al dar la vuelta, todas las maletas se cayeron. Solo las levantamos y seguimos corriendo. Tratamos de correr lo mas rápido que se podía, pero se sentía como que no avanzábamos con las maletas.

Llegamos a la plataforma justo cuando se despidió el tren. Se nos fué el tren porque nuestro equipaje no nos permito correr rápido. Si las maletas no estuvieran tan pesadas, hubiéramos podido alcanzar el tren.

Las maletas fueron un peso que no nos permitió tomar el tren. Tener que cargar estas maletas por todo Europa nos enseñó a odiar cargar peso adicional. Por favor no permita que el peso adicional no lo deje alcanzar el tren de Dios.

El peso le puede hacer perder la carrera

Un corredor Olímpico se estira antes de la carrera mas importante de su vida. El corredor recuerda sus años de entrenamiento que lo llevaron a este momento. Recuerda las mañanas en que se levantaba muy temprano para correr. Recuerda las dietas especiales y las rutinas difíciles.

Durante años la única meta de su vida ha sido eliminar todo peso mental o físico que le pudieran prevenir el ganar. Ahora elimina el último peso de su cuerpo. No usara reloj ni visera en su cabeza. Se desviste hasta solo lo necesario, porque sabe que a este nivel de competencia todo cuenta. Si el corredor no elimina el peso, no ganará la carrera.

El peso se convierte en una molestia rápidamente. Imagínese cargando una pesa de cincuenta libras constantemente. El peso lo agotará, estorbará y lo hará mas lento. El peso del pecado funciona de la misma manera, funciona como carga para las personas quitando su libertad. Una persona que sube una montaña solo carga lo que necesita. ¿Porque? Porque el peso adicional es lo que hará la diferencia entre llegar a la cima o tener que regresar.

"Por tanto, nosotros también, teniendo en derredor nuestro tan grande nube de testigos, despojémonos de todo peso y del pecado que nos asedia, y corramos con paciencia la carrera que tenemos por delante" (Hebreos 12:1). Esto significa dejar, eliminar, separar, cortar toda relación con, terminar, rechazar y quitar el peso de tu vida.. Hay una línea que atravesar y un premio que ganar. El peso puede ser un impedimento y un obstáculo que nos previene para lograr lo mejor de Dios, por lo que toda carga que nos previene para recibir nuestro premio debe ser quitada.

El peso puede ser eliminado de su vida

Un prisionero pasa lentamente jorobado entre el polvo. Levanta su rostro mirando al cielo deseando ser libre. Amarrado a su pierna una atadura con una cadena pesada. Durante años arrastro este peso a donde quiera que fuera. Esto lo hizo mas lento, pesado y absorbió toda su energía.

De repente, escucha una voz que le dice "Eres libre." Temblando, voltea para ver de donde viene la voz. Es un hombre, vestido con ropas blancas con una sonrisa. Con toda esperanza, el hombre pregunta si esto es cierto. Siente unas manos liberar su pierna de la cadena y titubea para tomar algunos pasos, después se endereza y siente que puede volar. El peso que ha cargado por años ya no está y es libre! El corre saltando, gritando y glorificando a Dios.

También usted puede ser libre del peso del pecado sacrificándolo a Dios en el altar. Permita que el fuego de Dios queme el pecado en su vida y usted será libre.

"Yo a la verdad os bautizo en agua para arrepentimiento, pero el que viene tras mí, cuyo calzado yo no soy digno de llevar, es más poderoso que yo. Él os bautizará en Espíritu Santo y fuego"
Juan el Bautista (Mateo 3:11)

Capítulo 8

Fuego de Juicio

Actualmente el fuego de Dios nos conforta y protege, pero viene el día en el que su fuego traerá juicio. Por eso es tan importante que nosotros desparramemos su fuego a donde quiera que vayamos. Si no eliminamos el peso del pecado de nuestras vidas, tendremos que enfrentar el juicio.

Aún es válido asustar a la gente con la idea de un infierno cercano para que entren al cielo. En la sociedad tolerante actual, la tendencia es de no ponerle mucha atención a la realidad de un castigo eterno. En los grandes avivamientos del pasado, los grandes hombres de Dios predicaban "el fuego del infierno" sermones que llevaban a las personas al arrepentimiento. Es tiempo de predicar estas realidades una vez más. Es importante enfatizar el amor de Dios, pero también es importante no ignorar la verdad sobre el juicio venidero.

Todos experimentarán el fuego

Usted experimentará el fuego de Dios ahora; o experimentará el fuego del infierno mas adelante. Nadie puede escapar una prueba por fuego pues el fuego es el estándar que Dios utiliza para juzgar lo que es o no es digno. Si usted ha construido su vida sobre un buen fundamento será recompensado, pero si su vida está construida sobre un fundamento débil verá como se desbarata. Las buenas obras escaparán como el oro por el fuego pero toda lo que fue hecho con motivos egoístas será consumido.

"Si alguien edifica sobre este fundamento con oro, plata y piedras preciosas, o con madera, heno y hojarasca, la obra de cada uno se hará manifiesta, porque el día la pondrá al descubierto, pues por el fuego será revelada. La obra de cada uno, sea la que sea, el fuego la probará. Si permanece la obra de alguno que sobreedificó, él recibirá recompensa. Si la obra de alguno se quema, él sufrirá pérdida, si bien él mismo será salvo, aunque así como por fuego" (1 Corintios 3: 12- 15). Todo lo que el hombre construye será probado con fuego; las obras dignas perduraran pero las indignas serán destruidas. ¿Qué tipo de obras está usted construyendo?

¿Cuándo vendrá este fuego?

Hubo una vez un hombre que plantó buena semilla en su campo. El plantó buena semilla para levantar una buena cosecha, pero el hombre tenía un enemigo. El enemigo vino a media noche cuando todos dormían y tiro mala semilla en este campo.

Cuando las semillas empezaron a crecer, tanto el trigo como la hierba mala salió de la tierra. Los siervos del hombre se espantaron. Corrieron con el hombre y le dijeron, "Maestro, hay hierba creciendo en el campo. ¿La debemos sacar ahora?"

El hombre era sabio. El sabía que las hierbas y el trigo son similares cuando son pequeñas. El se dio cuenta que sus siervos sacarían accidentalmente alguna de sus plantas buenas con las malas. Entonces, les dijo a sus siervos, "Esperen hasta la hora de la cosecha, cuando será fácil distinguir entre las plantas buenas y las inútiles." Cuando llegó la hora de la cosecha, les ordenó que separaran el trigo de las hierbas y guardaran el trigo en la bodega y quemaran la hierba con el fuego.

Cuando Jesús explicó esta parábola a sus discípulos, el campo representó el mundo. La buena semilla representa a los que sirven a Dios y la hierba representa a los que sirven a Satanás. Jesús dijo:

"Enviará el Hijo del hombre a sus ángeles, y recogerán de su Reino a todos los que sirven de tropiezo y a los que hacen maldad, y los echarán en el horno de fuego; allí será el lloro y el crujir de dientes. Entonces los justos resplandecerán como el sol en el reino de su Padre. El que tiene oídos para oír, oiga" (Mateo 13: 41-43). Cuando venga el gran juicio algunos serán enviados a sufrir en el infierno y otros brillarán como el sol en el cielo. Las obras de algunos se mantendrán porque construyeron una base sólida, pero las obras de otros serán destruidas por el fuego.

Arrepiéntase o quémese

Todo lo que hemos hecho será juzgado. Juan el Bautista predico un mensaje poderos sobre el juicio que vendrá por fuego. El advirtió, *"Además, el hacha ya está puesta a la raíz de los árboles; por tanto, todo árbol que no da buen fruto es cortado y echado al fuego"* (Mateo 3:10). El resalto los aspectos de juicio del ministerio de Jesús, *"Yo a la verdad os bautizo en agua para arrepentimiento, pero el que viene tras mí, cuyo calzado yo no soy digno de llevar, es más poderoso que yo. Él os bautizará en Espíritu Santo y fuego. Su aventador está en su mano para limpiar su era. Recogerá su trigo en el granero y quemará la paja en fuego que nunca se apagará"* (Mateo 3:11-12). El día del juicio, Jesús ordenara que el chaff sea destruido con fuego.

El juicio por fuego viene

El infierno es una realidad. No es un invento de la imaginación, ni un lugar con diablos con tenedores como en las caricaturas. El infierno es un fuego eterno preparado para el diablo y sus Ángeles

(Mateo 25:41). Aquellos que no aceptan a Cristo en esta vida serán echados en el infierno en donde *"el fuego nunca se apaga"* (Marcos 9:48). En aquel lugar de castigo eterno habrá *"Entonces el rey dijo a los que servían: 'Atadlo de pies y manos y echadlo a las tinieblas de afuera; allí será el lloro y el crujir de dientes"'* (Mateo 22:13).

El día del juicio,*"todos compareceremos ante el tribunal de Cristo"* (Romanos 14:10), *"porque es necesario que todos nosotros comparezcamos ante el tribunal de Cristo, para que cada uno reciba según lo que haya hecho mientras estaba en el cuerpo, sea bueno o sea malo"* (2 Corintios 5:10). Cada una de nuestras acciones y pensamientos serán medidas con juicio. El castigo por el pecado es la muerte eterna en el lago de fuego.

La verdad es que cada uno de nosotros ha pecado. La Biblia nos dice que todos han pecado (Romanos 3:23). El pago del pecado es muerte (Romanos 6:23).

Dios le ama. El no quiere que usted experimente las llamas del infierno. *"De tal manera amó Dios al mundo, que ha dado a su Hijo unigénito, para que todo aquel que en él cree no se pierda, sino que tenga vida eterna"* (Juan 3:16). El pago por el pecado es la muerte, pero hace dos mil anos Jesús murió en una cruz para pagar el precio por sus pecados. El murió en su lugar para que usted no fuera culpable. Jesús fue su sustituto. Él fué crucificado en un madero para que usted no tuviera que morir.

Jesús no permaneció muerto. Al tercer día El resucitó de los muertos como Rey victorioso. Porque Jesús nunca había pecado, la muerte no pudo detenerlo. El día de hoy Jesús vive y esta sentado a la derecha de Dios.

El regalo de Dios es la vida eterna en Cristo Jesús (Romanos 6:23). La única manera de ser salvos del fuego del infierno es confesar con su boca que Jesús es Señor y creer en su corazón que Dios lo ha resucitado de los muertos (Romanos 10:9). Si confiesa sus pecados y lo acepta como Señor de su vida, Dios lo perdonará de todo pecado que haya cometido.

La decisión es suya. Acepta a Jesús como Señor de su vida ahora o se quemará en el infierno después? Aquellos que mueran en pecado lo harán *"Bienaventurado aquel siervo al cual, cuando su señor venga, lo halle haciendo así"* (Mateo 25:46). Dios quiere salvarlo del fuego eterno. Si usted es salvo, manténgase así. Si no lo es, hágalo. Dios está ofreciéndole el regalo de la vida eterna, lo aceptará?

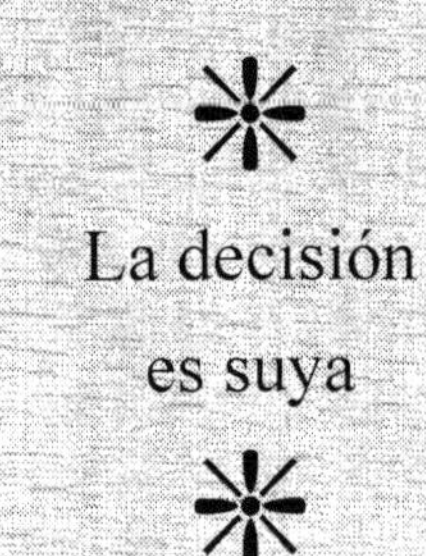

"El fuego nunca esta satisfecho, jamás dice 'Basta'"
Proverbios 30:15-16

Capítulo 9

¿Es Peligroso el Fuego?

Esto es un tema que se tiene que tratar. ¿Aquellos que están encendidos corren el peligro de dañarse a si mismos con el cansancio o de dañar a otros con su entusiasmo?

¿Es peligroso el cansancio?

Primero, me gustaría definir la palabra cansancio. Cansancio se puede definir como: "agotamiento, estrés ocasionado por un agotamiento excesivo." Con frecuencia las personas que trabajan demasiado sin tomar un descanso experimentan cansancio.

Una persona que está encendida, ¿corre peligro de experimentar cansancio espiritual, mental o espiritual? La respuesta es "No." Dios es la fuente de toda la vida y El es infinito. Mientras que la fuente del fuego de una persona sea Dios, la persona nunca experimentará el cansancio. Es cuando las personas empiezan a confiar en sus propias fuerzas para lograr las cosas que se cansan. La clave para evitar el cansancio es permanecer en la presencia de Dios.

Yo descubrí esta verdad durante un período de mi vida en el que estaba trabajando extremadamente en el ministerio. Yo estaba viajando y ministrando dos o tres veces al día y entre más duro trabajaba, más agotado estaba. Al ocuparme más, mi tiempo devocional sufría. No pasaba suficiente tiempo orando o leyendo la Palabra. Durante un tiempo corría el peligro de, estar cansado pero descubrí que si pasaba tiempo con Dios era refrescado con energía sobrenatural. Ahora, entre más ministro, más oro. La mejor manera de evitar el cansancio es pasar tiempo con la llama infinita.

¿Es peligroso el entusiasmo?

Las personas que están encendidas son entusiastas, motivadas y enfocadas. Su único ánimo les provoca estar concentrados en una meta suprema. Para aquellos que no están encendidos, este efecto los puede intimidar o asustar. Alguna persona que esté satisfecha con una vida normal puede sentirse amenazado por las ideas radicales o las acciones estremecedoras e ideas de los creyentes encendidos.

Hay aquellos que prevendrían en contra del fanatismo que produce este fuego. Con frecuecia estas personas quieren controlar a los creyentes estableciendo límites. Por ejemplo, cuando los jóvenes están entusiasmados para servir a Dios, las personas mayores y supuestamente más sabias les dirán que no pueden lograr nada hasta que crezcan, reciban una educación y hayan obtenido experiencia.

De igual manera, los Cristianos ardientes con frecuencia reciben advertencias de que "Cuando el fuego sale de la chimenea, es peligroso." Se les dice que la pasión sin riendas es alarmante de la misma manera que un fuego en medio de la sala es peligroso. Las personas calmadas (y corazones calmados) sienten la necesidad de controlar el fuego. Ellos pueden decir, "Está bien si está encendido mientras permanezcas bajo mi control." Tratan de usar el fuego para si mismos encerrándolo en la chimenea.

Cada vez que una persona esté encendida por Dios, habrá una persona religiosa que tratará de controlar ese fuego. Durante siglos, la iglesia institucionalizada ha tratado de tomar el fuego de Dios edificando una chimenea diseñada para contener las llamas. Esta chimenea ha sido construida en forma de catedrales hermosas, auditorios magníficos. Pero con frecuencia estos edificios han servido para apagar el fuego de Dios en lugar de lograr su propósito de alimentarlo. El fuego de Dios no es para detenerlo dentro de un edificio. Sino que fue diseñado para correr en las calles ganando a las personas para el Señor.

Los que logran más para Dios son aquellos que tienen un ardor sin inhibiciones para servirlo. No hay necesidad de poner limites humanos artificiales en este fuego de Dios. La educación es buena, pero no puede reemplazar el entusiasmo. Como dice Miles Monroe, "Debes lograr tu aprendizaje y mantener tu ardor." Los mentores son excelentes, pero no pueden reemplazar una relación con Dios. Se necesita la doctrina, pero no con el precio del celo; los dos son vitales. Algunas tradiciones son importantes de mantener, pero se debe dejar espacio para ser creativos con ideas nuevas. El fuego no se debe detener, sino que se debe animar.

Es tiempo de sacar el fuego fuera de la chimenea! Es tiempo que los pastores dejen de asar sus propios bombones en la chimenea. Es tiempo de dejar a los jóvenes hacer aquello a lo que fueron llamados. El trabajo adecuado de la iglesia es alimentar el fuego, no ponerle límites. Debemos sacar el fuego de estos límites de las cuatro paredes de la iglesia, y permitirle que se derrame en todo un mundo dolido.

Al mismo tiempo, existe la necesidad de que la iglesia proporcione dirección para este fuego de los jóvenes sin poner restricciones en su entusiasmo. Quizás el mejor cuadro para el trabajo de la iglesia sería un cohete. Las paredes del cohete dirigen la dirección de las llamas, pero no hay límites en cuanto a que tanto tiempo pueden arder. El cohete ha sido dirigido en la dirección correcta por el Espíritu, ahora la iglesia puede ayudar a que el cohete mantenga su dirección sin reducir el fervor de aquellos que están encendidos para Dios.

En cuanto saquemos el fuego de la chimenea, más vale que se detenga de algo, será lo mejor que haya experimentado. Este cohete no se detendrá hasta llegar al cielo.

El fuego es peligroso

Es verdad que un fuego fuera de control puede ser peligroso. Sin embargo, debemos preguntar "¿Para quién es peligroso el Cristiano encendido?" La respuesta a esta pregunta es "El Cristiano encendido solo es peligroso para el Satanás." Esto es porque un Cristiano que realmente está encendido goza de una comunión cercana con el Espiritu de Dios. El o ella pudieran hacer algo impulsivo o atrevido, pero si es realmente de Dios es peligroso para Satanás.

Para saber si una acción viene de Dios o no depende de los resultados. El fuego de Dios no se puede usar como excusa de las acciones irracionales del Espiritu Santo. Mas bien es la explicación de porqué los hombres de Dios en ocasiones obran por fe. Resistiendo la obra de Satanás con frecuencia requiere medidas fuertes.

Se debe usar sabiduría para discernir cuales acciones son de Dios. Algo que es adecuado en un tiempo pudiera no serlo en otro. Por ejemplo, una vez Elías fue arrestado por un grupo de hombres del rey y le dijo al capitán, *"Si yo soy hombre de Dios, que descienda fuego del cielo y te consuma con tus cincuenta hombres. Y descendió fuego del cielo que lo consumió a él y a sus cincuenta hombres"* (2 de Reyes 1:10). En ese momento Elías hizo lo correcto. Sin embargo Santiago y Juan fueron reprendidos por Jesús cuando quisieron hacer lo mismo y lanzar fuego del cielo en un pueblo malvado (Lucas 9:54). La clave para controlar el fuego es dejarse llevar por el Espiritu en todo lo que haga.

Una vida encendida, una vida que brilla con Dios, Encendida por el fuego del Amor de Pentecostés. Una vida encendida, encendida con amor para las almas, Encendida por la compasión Divina de lo alto. Bautiza a cada uno con fuego, bendito Señor. Oh, conviértenos en seres encendidos en Ti. Oh, enciende nuestros corazones, Tu Dios de fuego, Y permite que el mundo pueda ver Tu Gran Salvación.

Capítulo 10

Luz de Fuego

Recientemente tuve la oportunidad de ver una de las mayores maravillas naturales del mundo. Fui con mi familia para ver las Cavernas de Carlbad en Nuevo México. Empezamos en la parte mas alta de la cueva y caminamos hacia abajo a la profundidad de la tierra. Al caminar, los guías nos decían historias sobre los exploradores originales de la cueva. Estas personas valientes entraban en lo oscuro con sólo una lamparita que los guiara.

Cuando bajamos mas de una milla, el guía nos sentó y nos dijo que iba a duplicar las condiciones originales que experimentaron los exploradores. Se dirigio al apagador y apago la luz. De repente, estaba completamente oscuro. No podíamos ver nuestras manos frente a nuestra cara ni a la persona enseguida de nosotros.

Después de esperar cinco minutos a que se ajustaran nuestros ojos, la guía saco un encendedor de cigarrillos y nos dijo que esa misma cantidad de luz era lo que tenían los exploradores. Cuando ella nos dijo que la iba a encender, yo pensé que la luz iluminaría su rostro o quizás el área alrededor de su rostro. Nos encontrábamos en un salón enorme y no había manera de que la llamita afectara la oscuridad en gran manera.

Sin embargo, cuando se encendió la llamita, inmediatamente pudimos ver todo el salón incluyendo las estalactitas, las estalagmitas, el techo y a las personas alrededor de nosotros. Una luz pequeñita iluminó el salón completo. Imagínese que esta cueva representa un mundo oscuro y la luz es el fuego de Dios brillando en la oscuridad. El mundo puede ser un lugar oscuro, ¡pero una flama Cristiana en esa oscuridad encenderá toda el área a su alrededor! El mal es la oscuridad, pero una persona encendida por Dios puede hacer huir la oscuridad. Al arder por Dios, traemos gloria a nuestro Padre en el cielo.

Esta pequeña luz mia, voy a dejarla brillar...

La Biblia dice, *"Así alumbre vuestra luz delante de los hombres, para que vean vuestras buenas obras y glorifiquen a vuestro Padre que está en los cielos"* (Mateo 5:16). Todo Cristiano debe de ser una luz brillante. Está dejando usted que brille su luz?

Dese cuenta que cuando Jesús mandó a sus discípulos a ser una luz, no existían las lámparas eléctricas, letreros luminosos o focos fosforescentes. La única luz disponible era una antorcha, vela o lámpara. Jesús les estaba diciendo a sus discípulos que fueran llamas ardientes entre la oscuridad. Este mandato realmente era uno mandato para imitar el ejemplo de Cristo pues Él es el origen de toda luz.

Jesús es la luz del mundo

Jesús proclamó, *"Yo soy la luz del mundo"* (Juan 8:12). Aquellos que le siguen nunca caminarán en las tinieblas del mundo, sino que tendrán la luz de la vida. Jesús es la luz que brilla en la oscuridad aun cuando la oscuridad no entienda su luz (Juan 1:5).

¿Alguna vez ha visto a una pareja disfrutar de una noche romántica bajo la brillante luna llena? La esposa puede hablar sobre lo hermoso que brilla la luna. En realidad la luna no brilla; solo refleja la luz. La luna no genera su propia luz; solo puede reflejar la luz del sol. De la misma manera, los Cristianos solo pueden brillar cuando reflejan la luz del Hijo de Dios.

Juan el Bautista fue llamado un *"testigo de la luz"* (Juan 1:8). ¿Qué quiere decir ser un "testigo" de la luz? Bueno, la luna es un testigo de la luz del sol. Aún cuando el sol no se puede ver, la luz que refleja la luna verifica que el sol aún está brillando. Cuando los Cristianos permiten que su luz brille, ellos son testigos de la luz verdadera. La luz dentro de un verdadero creyente verifica la realidad de la luz de Dios!

La luz de Dios es constante *"en [El Padre] cual no hay mudanza ni sombra de variación"* (Santiago 1:17). Él es nuestro ejemplo. Se nos ordena *"andamos en luz, como él está en luz"* (1 de Juan 1:7). Aquellos que caminan en su luz radiante serán "testigos" brillantes de la verdad de Dios.

¿Qué es luz?

Durante años los científicos han alegado sobre la definición de la luz. Algunos experimentos muestran que la luz es una serie de partículas, otros han comprobado que la luz es una ola. Finalmente existe una definición en la que muchos pueden estar de acuerdo. La luz es la presencia de poder! Luz es poder. Todos los seres vivientes del planeta depende del sol para su energía. Sin la luz no sería posible la vida.

La oscuridad no es una fuerza opuesta; solo es la ausencia del poder. Por lo tanto, si Dios es luz y Satanás es el príncipe de las tinieblas, Dios tiene todo el poder y Satanás no tiene nada. La oscuridad no puede sobrevivir en la presencia de la luz. En cuanto se presenta la luz en una habitación la oscuridad desaparece.

La luz viaja a 186,000 millas por segundo. Esto significa que cuando usted enciende la luz de su habitación, la oscuridad desaparece a 186,000 millas por segundo. Cuando un cristiano entra a una área oscura, Satanás debe correr. Cuando el fuego de Dios está presente la oscuridad debe huir.

Una persona dijo "Es mucho mejor encender una vela que maldecir la oscuridad." Ya basta que la iglesia este maldiciendo la oscuridad. Es tiempo de empezar a encender algunos fuegos, en lugar de lamentar que nuestra sociedad va de mal en peor, debemos estar solucionando problemas. Haciendo cosas buenas como dando de comer al que tiene hambre, sanando a los enfermos y salvando al perdido, traemos gloria a nuestro Padre en el cielo.

Se Quedó

Jesús compartió una parábola en Mateo 25:1-13, sobre diez vírgenes que esperaban participar de un banquete de bodas. Cada una de las diez jóvenes tenia una lámpara. Cinco de ellas tenían aceite adicional para su lámpara, pero cinco no previeron tener aceite adicional. El novio tomó tiempo para regresar y las lámparas empezaron a disminuir. Cuando las vírgenes escucharon venir a los de la boda, rápidamente trataron de arreglar las mechas. Aquellas que tenían aceite adicional pudieron mantener la llama ardiente, pero las demás tuvieron que apresurarse en la oscuridad para buscar más aceite. A las cinco que tenían lámparas ardiendo se les permitió entrar al banquete, pero las demás se quedaron pues llegaron tarde.

Jesús en esta historia se representa a Él mismo como el novio y el banquete representa Su segunda venida. Él advirtió a sus discípulos que estuvieran alertas pues no sabían el día ni la hora en que regresaría. La diferencia entre los que entraron al banquete y los que se quedaron en la oscuridad fueron las lámparas encendidas.

El aceite representa el Espiritu Santo. Sin el Espiritu Santo es imposible mantener el fuego encendido. La única diferencia entre aquellos que entrarán al cielo y aquellos que serán dejados es el fuego de Dios. ¿Está encendida tu luz?

El Correo Electrónico de Dios

Dos pastores platicando, uno dijo "Escucha no es impresionante la tecnología! Aún Dios está involucrado. El otro día recibí un correo electrónico en el que Dios me decía que enviaría uno a todas las personas que estuvieran en el fuego por Él." El otro pastor estaba sorprendido, "Un correo electrónico de parte de Dios?" El primer pastor lo vio, "¿Qué? ¿Me quieres decir que no lo recibiste?"

Si Dios escribiera una lista de todas las personas que están apasionadas por Él, ¿estaría tu nombre en esa lista?

Fuego: El fenómeno de la combustión manifestado en luz, llama y calor... pasión ardiente

Capítulo 11

Esparcir el Fuego

Fuego por su naturaleza, tiende a esparcirse. Un fuego que no se esparce se apaga. De la misma manera, un Cristiano que no está esparciendo el evangelio de Jesucristo, empezará a enfriarse y eventualmente se apagará.

El fuego se esparce

Cuando era un niño de nueve años vi que se quemaba una casa. Se oían campanas sirenas, los bomberos llegaron pronto. Después de desenrollar las mangueras hicieron algo muy interesante no dispararon el agua a la casa que estaba encendida. Primero, usaron las mangueras para mojar las casas a su alrededor.

Recuerdo que pensé, "¿Por qué están mojando las demás casas? Esas no se están quemando!" Yo concluí que los bomberos no eran muy listos.

Después descubrí que los bomberos tenían una buena razón para hacer lo que hicieron. Los bomberos mojan los edificios que no se están quemando para evitar que el fuego se esparza! Primero contienen el fuego, después lo apagan. ¡Lo último que quiere un bombero es un fuego fuera de control! ¡Lo que menos quiere Satanás es un fuego salvaje fuera de control!

El fuego dentro del Cristiano es controlado por el Espíritu Santo. Solo para Satanás parece estar fuera de control, porque el no lo puede controlar. Satanás trata de controlar el fuego previniendo que se extienda a otras personas. El trata de apagar el fuego de Dios que usted tiene en su corazón. Sin embargo, si no puede apagar el fuego de su corazón, él hará todo lo posible para prevenir que se esparza el fuego a otras personas. Satanás no quiere que el fuego de Dios se esparza.

Satanás aísla a los Cristianos que han probado el poder de Dios para prevenir que este fuego de Dios se esparza. Esto ocurre cuando los aísla levantando paredes a su alrededor. Así como el bombero primero se asegura que las casas alrededor del fuego no se enciendan, Satanás empieza a atacar a las personas alrededor del Cristiano encendido.

Es nuestra responsabilidad esparcer el fuego de Dios a las personas que nos rodean. Una vez que somos llenos de ese deseo ardiente de conocer mejor a Dios, necesitamos buscar la manera de esparcirlo. Hemos sido bendecidos por el fuego de Dios para poder ser una bendición para los demás. No queremos una fogatita que solo nos dé calor a nosotros. No! Queremos un incendio que será una antorcha que atraerá a la gente a Dios.

El fuego en el día de Pentecostés

El propósito del fuego del Espíritu Santo se puede ver claramente cuando leemos la historia de Pentecostés. Juan el Bautista había prometido que Jesús *"Yo a la verdad os bautizo en agua para arrepentimiento, pero el que viene tras mí, cuyo calzado yo no soy digno de llevar, es más poderoso que yo. Él os bautizará en Espíritu Santo y fuego"* (Mateo 3:11). Jesús prometió este bautismo del Espíritu Santo a sus discípulos inmediatamente antes de ascender al cielo. *"pero recibiréis poder cuando haya venido sobre vosotros el Espíritu Santo..."* (Hechos 1:8). Él ordenó a sus discípulos ir a Jerusalén y esperar al Espíritu Santo.

Los discípulos estaban esperando y orando en el aposento alto durante muchos días. *"Cuando llegó el día de Pentecostés estaban todos unánimes juntos. De repente vino del cielo un estruendo como de un viento recio que soplaba, el cual llenó toda la casa donde estaban; y se les aparecieron lenguas repartidas, como de fuego, asentándose sobre cada uno de ellos.Todos fueron llenos del Espíritu Santo y comenzaron a hablar en otras lenguas, según el Espíritu les daba que hablaran."* (Hechos 2: 1-4).

Lo que parecía llamas de fuego asentándose en la cabeza de cada discípulo! El fuego era la manifestación visible de la presencia del Espíritu Santo. Ciento veinte discípulos recibieron poder instantáneamente para esparcir el fuego del Espíritu Santo.

Jesús les dijo a sus discípulos que ellos le serían testigos cuando recibieran al Espíritu Santo! Él dijo, *"pero recibiréis poder cuando haya venido sobre vosotros el Espíritu Santo, y me seréis testigos en Jerusalén, en toda Judea, en Samaria y hasta lo último de la tierra"* (Hechos 1:8).

¡El fuego debe esparcirse¡ El fuego del Espíritu Santo les dió el poder que necesitaban los discípulos para llevar el evangelio a todo el mundo. Este fuego del cielo le dio a un pescador sin educación, Pedro, la habilidad de levantarse frente a una multitud y predicar.

¡Pedro empezó a predicar con fuego! Pedro, citando al profeta Joel, proclamó *"En los postreros días, dice Dios, derramaré de mi Espíritu sobre toda carne, y vuestros hijos y vuestras hijas profetizarán; vuestros jóvenes verán visiones y vuestros ancianos soñarán sueños; y de cierto sobre mis siervos y sobre mis siervas, en aquellos días derramaré de mi Espíritu"* (Hechos 2: 17-18). Joel también dice que una de las señales de los últimos tiempos será el fuego (Hechos 2:19).

Pedro predicó las buenas noticias que *"Y todo aquel que invoque el nombre del Señor, será salvo" (*Hechos 2:21). Él le dijo a la multitud, *"Arrepentíos y bautícese cada uno de vosotros en el nombre de Jesucristo para perdón de los pecados, y recibiréis el don del Espíritu Santo, porque para vosotros es la promesa, y para vuestros hijos, y para todos los que están lejos; para cuantos el Señor nuestro Dios llame"* (Hechos 2:38-39).

Tres mil personas fueron salvas como resultado de este sermón ardiente ese día (Hechos 2:41). La historia de Hechos es la historia del esparcimiento del fuego del Espíritu Santo. El fuego individual de los discípulos rápidamente se convirtió en un fuego salvaje que nadie podía contener. Los líderes religiosos trataron de detenerlo, pero fallaron. Los Romanos trataron de detener el fuego pero lograron lo mismo que los sacerdotes. El fuego se extendió y se extendió hasta que todo el Imperio Romano había escuchado la Palabra del Señor

El fuego les dió a los discípulos la habilidad para ser testigos. Este mismo fuego también le dará a usted la habilidad de testificar. Cuando se está lleno del fuego de Dios, no hay necesidad de ser tímidos al compartir su fe.

La Biblia promete que todos los que claman al nombre del Señor serán salvos. Además, todos los que se arrepienten y son bautizados, serán llenos del Espíritu Santo. Cuando el Espíritu Santo le llena, Él llega con fuego. Este fuego empieza a extenderse a las personas a su alrededor. Empezará a ver que las personas son salvas, sanadas y liberadas al estar en contacto con su fuego.

El propósito de ser lleno del Espíritu Santo es el de ser un testigo. Es vital extender el fuego una vez que lo recibe. El fuego debe extenderse o se apagará. El fuego le dará una compasión ardiente y urgente para salvar a los perdidos.

Como se extiende el fuego

Cada sustancia tiene una temperatura límite antes de encenderse. Los bomberos la llaman "Punto de Inflamación." Cada sustancia en la tierra cuenta con un punto de inflamación. No existe nada en la tierra que no pueda ser afectado, alterado o cambiado por el fuego. Toda sustancia se quemará en algún grado de temperatura. Cuando cualquier sustancia llegue a este punto de inflamación, empezará a quemarse. El papel se quema a 200-210 grados Fahrenheit. La madera tiene un punto de inflamación más alto. El acero y el concreto tienen que estar extremadamente calientes antes de quemarse. Algo duro (como el acero) es más difícil de encender que algo blando (como el papel). Cada material se quemará si está lo suficientemente caliente.

Cada sustancia natural cuenta con este punto de inflamación. En el mundo espiritual, todas las cosas cuentan con este punto de inflamación también. Hay un punto en el que el fuego de Dios para un avivamiento provocará un fuego salvaje. El corazón de cada individuo cuenta con este punto de inflamación. Cada ciudad cuenta con un punto de inflamación. Cada nación cuenta con un punto de inflamación. Cada nación tiene un punto de inflamación. El punto de inflamación espiritual es la temperatura sobrenatural que tiene que alcanzar el espíritu antes de encenderse.

¡Cada Cristiano cuenta con el potencial de ser la chispa que inicie un gran avivamiento! Para que empiece un fuego en donde usted se encuentra, necesita estar ardiendo más que el nivel límite en su área. La pasión en su vida puede causar que su ciudad o su hogar se encienda con llamas.

Diferentes lugares cuentan con diferentes puntos de inflamación. Así como una sustancia blanda se quema con mas facilidad que una dura, un corazón blando se encenderá con mas rapidez que un corazón endurecido. Por eso es importante mantener nuestro corazón blando hacia Dios.

La Biblia frecuentemente describe a personas con un corazón endurecido. Algunos corazones son duros y otros blandos. Algunas áreas son sensibles espiritualmente y otras son frías. Algunos lugares solo necesitan una chispa para iniciar el fuego y otros lugares van a necesitar una antorcha.

Es posible que un seguidor de Cristo por si solo, apasionado cambie la temperatura espiritual de algún lugar. ¡Un pastor puede cambiar una ciudad! Un miembro de la familia puede llevar a toda la familia hacia Dios. ¡Una iglesia puede cambiar el mundo si soplara en las brazas que se están apagando para que se enciendan en llamas ardientes!

El fuego del avivamiento solo arderá al grado de la temperatura espiritual que sobrepase el punto de inflamación. ¡La clave para cambiar la temperatura de un Cristiano tibio en un fuego ardiente es la oración! La oración siempre viene antes del fuego del Espíritu Santo. Antes de que ocurriera el día de Pentecostés, los discípulos oraron intensamente en el aposento alto. El avivamiento va a requerir cantidades enormes de oración de los santos.

Todo fuego arde más si tiene más combustible. Todo cristiano que empieza a orar por un avivamiento, pone otra pieza de madera en la chimenea. Por eso no podemos confiar solo en nuestros líderes para buscar a Dios, nosotros debemos buscarlo. Para que este fuego fatuo se extienda a todo el mundo. ¡Todos los Cristianos deben arder!

Entre más oraciones se hagan, más arderán los Cristianos mismos que están orando. Entre más ora, más experimentará el fuego. ¡Si quiere arder al punto de inflamación de su área tiene que orar, orar, orar!

Fuego consumidor, insaciable, total

En algunos incendios forestales, el fuego se extiende lentamente en la maleza. Pero si sopla el viento y empieza a levantar las llamas, el fuego cambia rápidamente. Empieza a brincar de árbol en árbol. Casi instantáneamente se convierte en una pared rugiente de llamas que se mueven más rápido de lo que pueda correr un hombre y de repente el incendio consume todo lo que esté en su camino.

El Espíritu Santo se apareció como un viento recio en el día de Pentecostés. Él sopló calor en el fuego que se había iniciado en las vidas de los discípulos.

De repente fueron una fuerza increíble que no se podía detener. Un viento del Espíritu Santo en su vida hará lo mismo. Una vez que inicie el fuego ardiendo con fuerza nada puede detener que se extienda.

Los bomberos saben que tiene el tiempo limitado para poder apagar el fuego. Una vez que el fuego llega a cierto punto, los bomberos solo pueden tratar de contener el fuego con la esperanza de que se termine el combustible. Brinco es el termino que utilizan los bomberos para explicar este fenómeno. Una vez que el fuego experimente este brinco es imposible de apagar.

¡Es tiempo de que la iglesia experimente este brinco! El fuego consume e incinera todo el trabajo de Satanás. Una vez que la iglesia deje de cocer lentamente y empiece a hervir, logrará grandes y tremendas obras para Dios.

¿Recuerda la falla nuclear en la planta Rusa de Chernobyl? La falla fue causada cuando se calentó demasiado accidentalmente. El plutonio se quemará por miles y miles de años. En un esfuerzo para apagar las llamas del material radioactivo, el ejército Ruso derramó mas de 300,000,000 toneladas de concreto sobre el combustible nuclear ardiente pero el plutonio aun arde. Básicamente se quemará por miles de años. Es imposible de apagar.

Es imposible que Satanás apague al Cristiano ardiente. El fuego de Dios debe continuar esparciendo de persona a persona por miles de años. El único que puede prevenir que se esparza el fuego del Espíritu es usted. Yo le exhorto, con las palabras de Pablo, *"No apagues al Espiritu"* (1 Tesalonicenses 5:19).

Conclusión

Billy Graham una vez compartió una historia sobre una tradición interesante en el Parque de Yosemite en California, llamada "cascada de fuego." En un alto precipicio, se forman grandes llamas y los turistas ven con anticipación desde el valle. Después de que las llamas alcanzan un increíble altura, una voz grita, "¡Dejen caer el fuego!"

Inmediatamente, el fuego es lanzado al precipicio y una catarata de llamas de fuego desciende sobre las rocas. Aquellos que ven este espectáculo nunca lo olvidan.

Mi oración es que la iglesia empiece a clamar éstas mismas palabras, "¡Deja caer el fuego!" Es tiempo que el fuego de Dios caiga en todo el mundo. Esto sucederá cuando el pueblo de Dios empiece a orar que caiga el fuego. ¿Quiere usted que el fuego de Dios caiga en su vida?

Si es así, repita esta oración conmigo.

Amado Padre Dios. Enciende tu fuego en mi vida, llena de tu pasión mi corazón, quema las impurezas de mi pecado. Quiero ser una luz brillante que te glorifique ante un mundo oscuro.

Espíritu Santo, que yo sea tu combustible para arder y brillar, lléname con tu poder para que pueda arder por mucho tiempo y respirar tu viento fresco en mi vida para arder con fuerza.

En el nombre de Jesús, Amén.

¿Nuestra Meta? Toda Alma!

Daniel & Jessica King

El Autor:

Daniel King y su esposa Jessica se conocieron en el centro de África, ambos estaban en un viaje misionero. Ellos son muy solicitados como conferencistas en iglesias y conferencias en toda América del Norte.

Su pasión, energía y entusiasmo son disfrutados por audiencias a donde quiera que vayan. Son evangelistas-misioneros internacionales que hacen festivales masivos, ganadores de almas, en países de todo el mundo. Su pasión por los perdidos les ha llevado a más de 50 naciones predicando el evangelio a multitudes que a menudo superan las 50 mil personas.

Daniel fue llamado al ministerio cuando tenía la edad de cinco años, y comenzó a predicar cuando tenía seis. Sus padres se convirtieron en misioneros a México cuando él tenía diez, y cuando él tenía catorce empezó un ministerio infantil que le dio la oportunidad de ministrar en iglesias de las más grandes de América, cuando todavía era un adolescente. A la edad de 15 años, Daniel leyó un libro en el que el autor motiva a la gente joven a ganar $1,000,000. Daniel reinterpreto el mensaje y decidió ganar 1,000,000 de personas para Cristo cada año.

Daniel es autor de veintiún libros incluyendo: El Poder de la Sanidad. El Secreto de Obed-Edom y el Poder del Fuego. Su libro Bienvenidos al Reino ha sido dado a decenas y centenas de miles nuevos creyentes.

Cruzadas de Milagros

Brazil
Haiti
Pakistan
Indonesia
India
Haiti
South Africa
Colombia
Peru
Nicaragua

Cruzadas de Milagros

Cruzadas de Milagros

Sambava, Madagascar

Wondo Genet, Ethiopia

Kihihi, Uganda

Guder, Ethiopia

Kawdé Bouké, Haiti

Copan, Honduras

DESCUBRE VALIOSOS RECURSOS

EL PODER DE LA SANIDAD

¿Necesitas sanidad? Este libro lleno de poder contiene 17 verdades, para activar su sanación hoy.

$20.00

EL PODER DEL FUEGO

Dentro de estas páginas usted aprenderá a ¿cómo tener el fuego de Dios? ¡Mantener el fuego de Dios! y a ¡Propagar el fuego de Dios!

$12.00

¡BIENVENIDOS AL REINO!

El libro perfecto para los nuevos creyentes. Aprenda cómo ser salvo, sanó, y entregado. (Disponible en descuentos por volume).

$20.00

LLAME AL : 1-877-431-4276
PO Box 701113
TULSA, OK 74170 USA

VISÍTENOS EN EL INTERNET EN:
WWW.KINGMINISTRIES.COM

La visión de King Ministries es de evangelizar a los perdidos, enseñar, capacitar y edificar el cuerpo de Cristo en todo el mundo.

Si quisiera que Daniel King visite su iglesia, escriba:

King Ministries International
PO Box 701113
Tulsa, OK 74170 USA

King Ministries Canada
PO Box 3401
Morinville, Alberta T8R 1S3 Canada

O llame al:1-877-431-4276
(en los Estados Unidos)

o visítenos en el Internet en:
www.kingministries.com

E-Mail:
daniel@kingministries.com

Made in the USA
Columbia, SC
13 February 2018

EL PODER DEL FUEGO

Encendiendo una Pasión Genuina por Cristo

DANIEL KING

Este libro es ardiente!

Quieres estar en fuego por Dios? Has estado esperando por un avivamiento personal? Estás listo para experimentar la presencia de El Señor? Este libro es para ti!

Adentro usted podrá descubrir cómo:

Obtener el Fuego de Dios:
Aprender a arder con una intensa pasión por Jesús

Mantener el Fuego de Dios:
Nunca volver a estar satisfecho con una vida tibia.

Propagar el Fuego de Dios:
Empieza fuegos por Dios a donde quiera que vayas.

La pasión de Daniel King por Dios, lo ha llevado a él a alrededor de 60 naciones para propagar el Evangelio.

"Conozco al Evangelista Internacional Daniel King personalmente. Él es un hombre íntegro, humilde, apasionado por las almas perdidas y lleno del fuego del Espíritu. Le recomiendo la lectura de este libro, pues éste le llevará a usted crecer, ser edificado y madurar espiritualmente en Cristo. Que las páginas de este libro le transforme las áreas de su vida y que también usted descubra su llamado, dones y ministerio."
- Rev. Josué Yrion

ISBN 9781931810227